情绪可以低落，理想必须高涨

李尚龙 作品

自序

三十一岁了,还觉得自己像个孩子

1.

一天的忙碌后，我又坐在了电脑旁。这回，没有酒局，只有酒；没有其他人，只有我。

我倒了一杯威士忌，才发现家里没有冰了。那些冰，一定是那些朋友来我家的时候给用掉了。这帮人，只知道用我的冰，谁也不给我冻上新的冰，可恶，再也不请他们来了。

我忽然想，这世界有没有一种魔法，能让水瞬间变成冰？有没有一种方法，能让人瞬间成功？有没有一条路，能让人快速走到终点？于是，我走到厨房，冻上一块冰。

站在三十一岁的时光长河里往回望，我想答案只有一个：没有。

想用冰，就要在一段时间前把水冻进冰箱；想成功，就要在年轻时尽可能吃苦付出；想那么快到终点，别傻了，干吗那么快，人的终点都一样，过程才更重要。

一晃，三十一岁了，竟然还总是觉得自己像个孩子：对未来期待，对过去缅怀，却不得不活在现在。时常酩酊大醉，经常热泪盈眶，时而开怀大笑，时而悲伤绝望。

其实，到这个年纪，我早不知道自己还能像这样支撑多久，正如我不知道自己还能不能继续努力去实现自己的梦想。但我只知道，就在这一年，我又开始奔跑了。

我曾经写过：我抵不住时间带来的重伤，但我能让梦想不曾被遗忘。

三十一岁的时候，请允许我再次把"梦想"放在嘴边，这从小到大都被人嘲笑的一个词。现在，让我再一次为它骄傲。

2.

这些年，一直有人说我写的是"鸡汤"，直到我写的小说一部部被拍成电视剧，直到读者越来越多，直到我的稿费越来越高，那些人才逐渐住口。

原来，日子从来都不是过给别人看的，就如所有的梦想，都是自己给自己的交代。

前些日子，《你只是看起来很努力》再版。我签完字走回家，看着北京的高楼大厦，忽然泪眼婆娑。因为就在刚刚，趁着编辑不在，我立刻停止了签名，偷偷翻了几页我过去的文字：透过那矫情青涩的表达，我看到了那时自己青涩的模样。

那是一个无依无靠来到北京的男孩，明明可以靠体制内的父母的力量，却还是选择了靠自己。所以，我能说梦想不重要吗？

看到那些文字，我打开手机，从手机屏幕里看了看自己，心想，这货终于在三十岁的时候，活成了自己想要的模样。

而那些文字，都是在一个个夜晚，写给自己看的"血书"，那些活泼、青涩的文字，似乎在提醒着我：李尚龙，你就是这么一步步走过来的。没有捷径，就是一步步走到了今天，你走得很慢，但没停。

人走到高处时，总是会忘记上山时的艰辛，然后虚情假意地叹口气，自豪地说"一览众山小"。只有很少的人能走到山顶，对众山没有分别心。因为他知道，这世界上的大山很多，角度不同，位置不一，大小就不一样。但只要你站在山顶，至少证明，你比山下的自己壮实了不少。

这一年，我就成了这样的人。

我时常会从国贸的写字楼走出来，双手插着兜看着高楼大厦，想到过去的时光。还记得第一次写作，有人给我留言："你还是好好上课吧，别瞎写了。"直到今天，我重回课堂上课的时候，竟然有人说："你还是好好写作吧，别上课了。"

我知道我是怎么走到今天的，那背后的嘲笑和冷眼，那当面的鄙视和诋毁。只不过，那些东西没有打垮坚强的我，也没有打倒虽然哭过但还在坚持着的我。

那些夜晚，还好，我用笔记下来了。

还记得二十四岁生日时，一个女孩子送了我一个本子，很精致，像是一朵玫瑰正在鲜艳地绽放着，如爱情一般。翻开本子的第一页，上面写着这样一句话：如果生活残忍，就咬牙前行，并记录。

这个女孩子，虽然早就和我没了联系，但这句话，一直刻在我的脑海中，无法被我忘记。

3.

过去五年，我没有一天过得舒服。在教育、文学和影视行业三线发展，直到今天，我觉得每一个行业自己做得都不错，我没有辜负自己的努力，更没有辜负那些孤独的日子。

在考虫工作五年，我们影响了一千多万的学生；出书十本，销售量也几乎到了千万册；青春十年，从未辜负过最亲的人。如果说过去几年，是大哥带着我奋斗，现在，三十一岁的而立之年，也该自己成为大哥了。

人越往上走，越感受到大哥靠不住，新时代不在他们身上，但也不在我们身上。之所以拼命，就是希望自己能接住这沉重的时代。

前些日子，姐姐约我吃饭，她问我："当大哥累不累？"

我说："我每天都很兴奋。原来一天只有几个小时清醒，现在一天至少有十几个小时是清醒的。"

我爱上了跑步和喝酒，两件完全矛盾的事情，却都能让我清醒。跑步能让我更好地处理商业世界的逻辑：融资、管理、招人；喝酒能让我更好地处理对自身心灵世界的认同：文学、感情。

前些日子，多年的兄弟东哥正式入职飞驰学院，担任新媒体总监。还记得那天，他喝了好多酒，然后忽然眼睛红了，对我说："龙哥，说实话，我挺佩服你，年轻时吹过的牛，都实现了。"我想起上大学的时候，他拿着一个报名表，对我说："龙哥，我们一起参加一个机器人大赛吧，我们的组合就叫东方巨龙。"我问他为啥要参加机器人大赛，他说："我们有两个聪明的大脑，干点儿啥不行，卖烤串都能发了，东方巨龙就是我们的公司，以后改变世界就靠它了。"

那天我也喝了好多酒，我对他说，现在我们就在实现当年的梦想，只不过这个公司叫飞驰学院。我会用我的余生保护好它，让更多的年轻人，可以用更低的价格，买到更好的课。让更多更好的教育资源，通过一根网线，传递到更远的地方。

我还记得那时的背景音乐是五月天的歌，讲到这儿，我又流泪了。谁能想到，三十岁的人，听到五月天的歌还会落泪。

我真是个孩子。

4.

我总是会想起二十四岁的那个生日。那年，我刚失恋，又刚从新东方辞职，没有工作。那时，我连房租都交不起，我去看演唱会，一个人跑到鸟巢哭成傻子。

记得生日那天，在突然响起的噪声中，我惊醒了，穿上衣服，一个人跑到中国人民大学的自习室里打开电脑写文章。写着写着，我就像个傻子一样哭了。

那年，我租了个八平方米的单间，浴室改的，同租的人只要洗澡，我就睡不着觉。父亲来看我，走进房间就鼻子一酸。

那是我最难的一年，只是我毫无意识，觉得军校的大风大浪我都熬过去了，杀不死我的，只会让我变得更强。

我记得那天晚上，我把所有在北京认识的朋友都叫来聚在一起，也不到十个人。其中有一个小男孩是我的学生，戴着眼镜，说实话，我已经忘记他叫什么了。他喝了两杯酒，然后认真地看着我的眼睛，说："尚龙老师，不，龙哥，不，李尚龙！我觉得，你不红天理不容。"

巧的是，就是那天之后，我开始一步步地走上坡路了。如果让我总结这六年自己做对的三件事：第一，一直在读书；第二，一直在尝试新事物；第三，永远在和牛人并肩。

直到今天，我算是明白了，那哥们儿确实错了，我还是没红。但我的确没有辜负他对我的期望，我成了令自己满意的样子。至少，我在自己涉足的每个行业都尽了全力。现在，我不用求人做什么事，我和我最爱的团队在一起。

而且，这一切才刚刚开始。

5.

去年，我跟还是我助理的小宋喝多了后说，如果这次我创业失败了，你就只做我的助理，也能活下来。

他喝得醉醺醺的，说："哥，你不可能失败的。"

我说："为什么？"

他说："你这样的人，不成功天理难容。"

于是，在一个白天，我下定决心，要重新开始。我把肖肖、佳鑫、钟铭、汤蓓、石雷鹏、立冬等人重新叫回我的身边，开始了一趟新的旅程。

那天，投资人问我："我看了你们的数据，飞驰学院从2021年3月20日成立当天就已经开始盈利，你是怎么做到的？"

我说，并不是我牛，只是因为，跟着我的这几个人，一个人可以当十个人用。

如果这次失败，错不在他们，而是我无能。

我曾在朋友圈里写：知识分子创业，总有种悲凉感，哪怕业绩做得挺好，依旧说着什么"在绝望中寻找希望"。但其实，我真正想表达的是，我就是孩子，无论我读过多少书，见过多少世面，赚了多少钱，多大年纪了，我，都是个孩子。

我就是一个会因为别人离开而哭泣的孩子，就是一个会莫名其妙爱上一项事业的孩子，就是一个会爱上曾经在我一无所有时陪伴过我的人而且一旦爱上就爱一辈子的孩子,就是一个听见父母老了、病了会难过的孩子,就是一个一直在路上从来没有低过头的孩子,就是一个无论遇到什么挫折都永远对未来充满期待的孩子。

玫瑰少年在我心。

哪怕现在我已经三十一岁了。

那又如何?一切还不是刚刚开始?

6.

写到这儿,冰冻好了。我拿出刚冻好的冰,放进了我的酒杯。

原来,种下善因,总能得到善果,可是,你怎么穿越回过去种下一颗种子呢?

所以,我们只能把握当下,此时此刻,种下种子,十年后我已经是个年过四十的人了,那时可以收获到最美的果实。

对了,姐,生日快乐。

老天把我们带到这世上,就是为了使我们与众不同。

谢谢你在我最无助、最青涩的时候,陪在我身边,告诉我该怎么做。接下来的日子,你照顾好饭团儿和维尼,我照顾好自己,我要用青春和热血,创造出属于自己的天空。

等他们再大点儿,他们会为舅舅感到骄傲。

也谢谢你们,对我不离不弃,我一直在路上,不停歇。

爱你们。

目录
Contents

Part 1 那些勇敢能带我走得更远，让我更坚强

如果要让我活，让我有希望地活 /002
什么是理想的生活？ /007
重生的感觉真好 /015
离别是为了成为更好的自己 /020
愿我们一起在更高处重逢 /027
对未来的期待 /035

Part 2 人生就是一套算法和一系列选择

你现在呈现的模样，就是过去一系列选择的结果 /054
你是否会在深夜想起谁？ /060
当你和世界不一样 /067
三十岁的人，和年轻人还能拼什么？ /073
除了终身学习、勇往直前，我们别无选择 /080
你正在逐渐变好的几个迹象 /087

Part 3　此时此刻，永远是你最年轻的时刻

不是每件事，都还有机会的 /110
别辜负时光 /116
被回忆控制的人 /123
写给父亲的信 /129
你要相信自己可以被改变 /136
让生活有趣的几招 /143

Part 4　情绪可以低落，但理想必须高涨

无论哪个年纪，愿你可以按照自己的想法过下去 /162
永远不要停止前进的脚步 /169
请走到阳光下，看到世界的美好 /177
保持孤独，保持成长 /184
好在，还有音乐在记录 /192
人是怎么废掉的？ /199

Part 5 时间给你的礼物,就是坚持的意义

一年能不能改变一个人? /222
你不能间歇性亢奋,持续性低迷 /228
时光不会辜负一个坚持的人 /235
青春是愿意改变的决心,是曾经丢掉的少年感 /241
不珍惜当下,就不会有更好的未来 /247
如何成为一个学习高手? /255

Part 1

那些勇敢能带我走得更远，让我更坚强

如果要让我活，
让我有希望地活

1.

在从上海回北京的飞机上，我的耳机里，放着五月天的歌。

我已经很久没听他们的歌了，人一忙起来，连听音乐都是奢侈的。我曾在二十出头时，一听他们的歌，就浑身充满力量，夜晚看到人们奔波的身影，咬咬牙就能继续一天的旅程。

岁月飞逝，奔波了好多年，我也三十岁了。三十岁的男人有几个特点，比如，对煽情无感，对励志警惕，对异性之外的东西忽然感兴趣。

毫无征兆地，一个三十岁的人，在飞机上听到某些旋律，就红了双眼。这些年我时常陷入回忆中，虽然知道人是无法回头的，但总是在某些瞬间，沉寂着沉寂着，我就忽然情绪崩溃了。

空姐在一旁，看我哭得把口罩都打湿了，吓得给我倒了一杯可乐，还问我："先生没事吧？"我摇摇头，说："眼睛难受。"

我其实想到了很多事，自从开始创业，我情绪的敏感度又增加了一层，感觉那个热血的少年，又回来了。每当遇到低谷，我还是会直起身子，听着五月天的歌，自己给自己加油。

　　我曾经告诉自己，只要他们还来北京开演唱会，我一定要去看，谁知道，疫情忽然来临。本以为以后只能听他们录制的歌曲了，但没想到，他们竟然开起了线上演唱会。想起上次他们开线上演唱会时，我蹲在电视旁，本想凑个热闹，但听着听着，把自己哭成了傻狗。女朋友在一旁，拿着手机拍我，一边拍一边笑。

　　果然，那些歌曲会在生命的某些时刻，忽然发光发热，给你能量，告诉你就算跌入谷底，也不要投降。

　　不记得从什么时候开始，每当能量低的时候，我总能在他们的词曲里找到勇气。即便只是遇到了现在看来微不足道的事，小到只是考试考砸了，小到只是被女朋友甩了，小到只是感到孤独了，小到只是工作不顺利了……

　　我们的确不可能一辈子都靠自己变得勇敢，如果能有朋友在关键时刻给我力量就再好不过了，可这只是一种奢望。好在有些旋律能鼓励我前行，那些鼓励能带我走得更远，让我更坚强。

　　只要那些旋律响起，我就发现，一切都不那么让人难过了。

　　小时候以为长大后困难都会过去，后来发现，成年后的不顺更多。

　　人在辉煌的时候，往往对那些励志的话不屑，但人总有孤独和跌入谷底的时候，那时他才会想起曾有一句话和一首歌在那里安静地等着。

那些旋律,像天使一样,是我们最初和最后的天堂。

2.

我曾经写过,喜欢一个偶像,就是和他越来越近。

对我来说,喜欢一个偶像,并不是在追星,而是在追他的路上,成为更好的自己。我曾经在《你要么出众,要么出局》里写过我和小西追寻五月天的故事。我说,我们并不是追星,追的其实不是别人,而是一个更好的自己。

就好比我,第一次看他们的演唱会只能买得起一百多元的票,但之后,我逐渐可以负担得起更贵的票了。我离他们越来越近,这并不是那种偶像崇拜,其实,我是把自己送往了更高处,简单来说,我的经济实力也在越来越好。

直到前些日子,当我写完《我们总是孤独成长》时,我第一时间发给了制片人,几天后,制片人肖霄给我发了这条信息:

"尚龙,我找到了五月天阿信在中国大陆地区的经纪人,知道你喜欢他们,我已经把你的书送给了他们,咱们这次有望跟阿信合作。"

那是一个让我热血沸腾的下午,其实,我也不知道能否有机会合作,如果可以,这将是最让我开心的事情。那一刻,我感觉自己离偶像如此近。

曾经年少时,我只是想过看演唱会的时候,可以离偶像近一些,谁能想到，能近到有一天有合作的可能。

我总告诉我的学生，梦想还是要有的，不要总是年纪轻轻就看破红尘，也不要总是"佛系"地告诉自己，自己什么也不在乎。

要告诉自己，一切都有可能，自己值得最好的。有一个男生问我："我现在有两个女孩子作为女朋友备选，我一直想选择A，但因为A太优秀了，我还是选B吧！"我就反问了一句："你难道不值得最好的吗？"

后来他还是选择了A，两个人前段时间刚结婚，很幸福。

年轻时，哪怕没有梦想，你至少，应该在乎一个更好的自己。

因为你只有一次生命，如果要让你活，那就要有希望地活着，就要活到最好。

3.

每到天黑，人总是不容易勇往直前，就像遇到困难时，人总喜欢躲着一样。我见过太多人，遇到一点儿困难，就把自己藏起来，可是问题在于，你无论怎么藏，困难依旧在。

从开始创业到今天，我见过好多人一遇到困难，就要闹着去西藏、丽江，一遭遇失败就把自己关在家里自我封闭。但其实，没有到不了的明天，听首歌，读本书，跑个步，咬咬牙，可能就冲过去了。

大不了喝杯酒，酒醒之后，又是一条好汉。

人越长大，越不容易活得简单，每个人的生活都不容易，哭不可能哭一辈子，笑才不会苦一辈子。

小的时候，以为捉住那只蝉，就能留住那个夏天。

长大后，才知道你就算买下世界上所有的钟，也拨不回一秒钟。

生命的当下，才是最可贵的。此时此刻，才是我们所说的一切，所以你需要更加努力。

就像《如烟》里的那句话：吻过他的脸，就以为和他能永远。

长大后，才知道分别是人生的主题，离别时，谁也逃不过那眼泪。

还记得小的时候，第一次听《孙悟空》，我在书桌上写着：如果要让我活，让我有希望地活。

现在心里还有那团火的人，还有多少？

我觉得我还有，那团火还没有熄灭。

其实不管哪个年纪的人，内心深处都有着火，那火烧得旺，就像少年岁月里洋溢的青春气息一般。

希望你们都是。

什么是理想的生活？

1.

我姐姐终于还是要生二胎了。

在第一时间知道这个消息时，整个家里的人都跳了起来，然后一齐把视线转向我："你什么时候啊？"

在写这篇文章的时候，我还不知道这个孩子是男是女，也不知道孩子会叫什么名字。如果是男孩，那么饭团儿的衣服、玩具都会是他的了；如果是女孩，那又得增加一笔不小的开销。

但无论怎么样，我跟姐姐说都不用怕，因为他（她）有这个牛×的舅舅。舅舅我经得起折腾，能赚钱，大不了我来养孩子。

然后家里人又一齐看向我："你自己不能生一个吗？"

这些年，我父母总是跟我说，该有个家了，该有个孩子了，我却不以为然。

从二十二岁起，我和姐姐走上了完全不同的两条路：她的重心回归了家庭，而我把一切精力都投入到了事业中；她会因为家庭生活的美好落泪,我会因为突破了事业的边界而兴奋。如果时光能够倒回我们一起上中学的时候,谁能想到三十岁时的我们,是这样选择自己生活重心的呢?

这些年,我没有买房,也没有买车,因为我知道我只拥有短短的几十年。如果我的运气很好,我可能会有一百年的寿命,但跟时间的长河相比,完全微不足道,我们都是稍纵即逝的存在。如果能留下点儿什么,已经让人无比幸福了。我不属于任何人,同理,任何人和物品也都不属于我,于是我不想活得那么沉重,想要轻盈一些。

说句实话,曾经我那么热爱电影《肖申克的救赎》,认为凡是限制,都要打破,自由是世界上最重要的东西,无自由宁可亡。可在人近中年后,我竟忽然意识到,自由是相对的,从来没有绝对的自由,而我只能尽力在自己的生活里自在一些。

我知道,虽然自己这样的生活方式并不可取,也没什么值得借鉴的地方,但至少此时的自己无怨无悔。当然,谁又知道以后我会不会后悔呢?

姐姐和我的成长轨迹是相反的。二十四岁,她从美国留学回来,找了份好工作,很快结了婚,很快就有了孩子,然后又怀了第二个,在工作和生活间保持着平衡,朝九晚五,上五休二,之后买了房、买了车。

一次我和姐姐吃饭聊天,吃到一半,她说,她很不理解我为什么不定下来。我喝了口汤,抬起头看着她,没说话。其实,我的眼神里有一个意思:"我也不理解你为什么这么快定下来。"

后来我们都理解了对方。一次姐姐对我说:"你知道吗,我们家从来没有赶上创业和致富的浪潮。爸妈一辈子都在体制内,现在我也有了幸福的家庭,只有你还在拼搏,还在浪潮里。有时候我还挺羡慕你的生活的,但是你一定要注意身体。"

天啊,原来她也羡慕过我的生活!

我是不会跟她说,我也羡慕过她的生活的。我只会把这些写在书里,反正她从来不看我写的东西。

所以,生活就是如此,每个人都有自己的选择,你所厌恶的生活,也许正是无数人期待的样子,知足常乐就好。生活多种多样,只要你自己不后悔,谁能说你的选择是错误的呢?

2.

写这些文字的时候,我在寒冷的哈尔滨,这一年电闪雷鸣、风雨交加,这可怕的 2020 年扰乱了多少人的日常生活。原本定在 4 月来东北签售的好日子生生拖到了 12 月底,此时的东北,已经零下三十摄氏度。

我穿上了羽绒服羽绒裤,戴上了手套和棉帽,来到书店后,才知道学校封校,而且许多人去了南方。书店没客流,来的人很少,说句"凡尔赛体"的话:我好久没有参加过人这么少的签售会了。

这些年我一直坚持一件事：无论多少人来，我都尽兴讲，认真准备每次的演讲稿，把稿子里的内容讲完，把情绪调动好，重要的是，回答好每位读者的问题。

这次更好，人不多，我可以多回答一些读者的问题。现在回想起来，幸亏我回答了最后一位提问的读者的问题。那是一位男生，站起来的时候，他眼睛就湿润了，他对我说："李尚龙老师，我今年二十四岁。我的梦想，就是成为你。"

说完他就哭了。

现场很多人听了很感动，还有几个人鼓起了掌，可我忽然感觉到可怕。

我愣在了那里，久久不能平静，直到现场安静下来，我才说："你千万不要成为我，你要成为你自己。何况，你成不了我，就像我一辈子也成不了你一样。你要走自己的路，朝着自己设想的方向，走出自己的节奏。我只负责照明，能给你启发就再好不过了，但千万不要成为我，要成为你自己。"

这回，全场鼓掌了。

这些年，我最怕我的读者看了我的两本书或者听了我的两场讲座就跑来跟我说："我想过你的生活。"因为我也曾想要过别人那样的生活，直到我发现，每个人背后都有难以言说的苦楚，你了解的都是表面的光鲜，生活里大多数时候残留的是苟且。

美国作家斯科特·派克在他的作品《少有人走的路》里讲到，众生皆苦是必然的，谁也不可能会有例外。只不过，你不知道别人的苦而已。不要去跟别人换生活，因为你换不了，你更不可能只享受别人拥有的幸福，而不去克服那种艰难。

生活是自己的，和他人无关。

3.

讲真的，别看我总是一副清醒的样子，我也经常迷茫，也想要过别人那样的生活，总觉得别人的生活特别好，想要拥有。

当老师这些年，遇到的学生良莠不齐，我时常烦恼重重；后来写书有了点儿名气，看到有人在网上谩骂我时，我也心烦意乱；创业后，烦琐的管理工作和公司复杂的组织架构，时常弄得我心力交瘁。有一段时间，我患了非常严重的抑郁症，去北医六院检查，医生在检查报告单上就写了两个字：休假。

那段时间，我放下了很多担子，一有空，就去姐姐家蹭饭。

那段时间我最迷茫，人一迷茫，不管谁说的话我都感觉是金玉良言、绝世真理，于是，父母让我有个家这个建议，又在我脑海里徘徊了。

每次在姐姐家，看见饭团儿的眼睛，听到他咿呀学语，嗲声嗲气地喊着"舅舅，你不要说'牛×'了"，我就感觉自己顿时融化了。

我看着他一天天长大，从会说几个字，到会说一句话，到会跟我说"不"，到有了自己的想法，我忽然也想有个家，赶紧生个孩子,如果可以,生好多,然后找个小城市,买个大房子,安静地生活,安静地过每一天。

于是在那段日子里,我真的有在寻找那种平衡,但很快,我发现,那根本不是我想要的生活,因为,我从病中走了出来,我开始正视自己的生活。

我惊讶地发现,我就是喜欢工作,喜欢创业,喜欢那种不确定的风险,喜欢那种征服困难后的喜悦。

还记得复查后的那天,我拿着康复证明去姐姐家,刚准备跟她分享喜悦,就看见姐姐在书房里焦头烂额地处理事情,回复客户邮件。饭团儿在外面哭。我一把抱起饭团儿,饭团儿在我怀里哭闹个不停,那一瞬间我才意识到,姐姐也有自己的难处,这些难处,不会被外人所知,都是打碎了牙偷偷往肚子里咽。

不知怎么了,那种不想要孩子的感觉,又来了……

看,我们永远活不成别人,我们总是在偶然间羡慕别人的生活,殊不知,我们看到的并不是生活的全貌。

我们可以朝别人生活的方向走去,但永远活不成那个人,因为每个人的生活都是不一样的,正如每颗石头、每片叶子、每个人,都是独一无二的。

网上有个很火的帖子,即人们在探讨,为什么女生生完孩子后会跟之前判若两人?

看完评论我久久不能平静,评论里有抱怨老公的,有后悔生孩子的,有痛骂公婆的,有对父母不满的……我用一个上午硬着头皮看完了那个帖子,忽然想起我去台湾时看到的一本书,大概主旨是：人人都说当母亲是幸福的，却从未有人说过自己后悔。

我在那之后，刻意观察了姐姐的生活，她也会忽然之间呕吐，在孕期反胃，走路走到脚肿，很长时间没有办法睡到自然醒……

可这些，却不为人知，也是我无法接受的。

果然，看得见的都是光鲜，看不见的都是苟且。

4.

达利欧写过一本书叫《原则》，这本书里对于如何过上理想的生活，有很精彩的描述。达利欧认为，关于如何过上一个理想生活的观点可以归为一个光谱，光谱一端是基于你所取得的成就，另一端是基于当下。前者认为生活的意义来自未来的成长和影响力，后者认为生活中的快乐源于当下，要享受每天的小日子。通常对一个人来说，他总会选择认同其中的一端。

达利欧在桥水基金做的一项非常重要的事情是进行无情的测试，包括每个人的优势、劣势，以及个人喜好和人生观。达利欧发现，每个人天生会被某些特定的东西驱动和激励，而这些东西很难改变。有些人天生喜欢满足，而另一些人则天生就喜欢挑战。所以，想要过一个你想要的生活，你需要做的第一步是了解你在光谱上的哪一端，了解你的天生本性。也就是说，每个人理解的理想生活，都是不一样的，但大多数人，都向往着别人的生活。

我不太喜欢网上的那些心灵鸡汤，类似什么你得到的拥有的就是最好的。如果在这个世界上，你不去主动做点儿什么，你得到的、拥有的只有贫穷和衰老，追求自己理想的生活，是一辈子的事情。

你还是要主动去追求一些什么，但盲目地崇拜别人的生活毫无意义。

所以，最好的方式，就是折中：学习别人的生活理念，把适合的生活理念融入自己的想法，按照自己的想法过一生。

直到今天，精神上，我已经完全康复了，我找到了新的生活平衡。之前之所以失去平衡，并不是因为我在工作，而是因为我当初不会工作。到今天这个年纪，我依旧会羡慕一些人的生活，但我并不会盲目地向他们的生活靠拢，我会选择一边羡慕，一边问自己：有什么我可以借鉴的吗？

记得有一天，我看到一个三十多岁还有八块腹肌的人。我当时超级羡慕，然后缠着他让他分享经验。他知无不言，跟我说了怎么训练。但这回，我不一样了，我不会过他那样的生活，因为三十多岁的人还有八块腹肌，每天不知道要花多长时间去维护，但我会向他学习，一周至少去三次健身房，跑跑步，做做器械训练，少喝两顿酒，多吃两个鸡蛋。

你看，生活就是这样，没人能替你过，但你总有选择，可以选择变得更好。

没有谁的生活是理想的，理想的生活，都是别人的，你的生活，也是别人理想中的生活。就是这样。

重生的感觉真好

1.

我是在三十岁这一年决定重新创业的,想了许久,我还是决定离开考虫。毕竟,考虫已经不是当年的考虫了,龙哥还是当年的龙哥。

我们几个小伙伴跌跌撞撞摸索了一年,决定应该先有个地方落脚,终于,我们在国贸万达广场安家了。还记得2020年,立冬帮我找了一堆词让我选,我莫名其妙地选择了"飞驰",然后他说:"你等着,我马上给你注册下来。"就花了三天,"飞驰"两个字就注册了下来,他还笑嘻嘻地跟我说:"我把'李尚龙'三个字也注册下来了,牛吧!"

今年,当"飞驰学院"几个字贴在了办公室的墙上时,我们几个小伙伴忽然都红了眼睛。我们院长肖肖说:"龙哥,咱们终于要开始创业了。"

第一天营业,我从办公室往家走,抬头看着高耸入云的大楼,心想：这是北京最繁华的地方之一，终于，在这里有了我们的落脚之地。我忽然想起自己年轻的时候，那时我时常抬头看着国贸附近的大楼，心想：北京这座城市，有多少人将梦驻扎在此，他们一次次启程，一次次失败，一次次想就此回家，却又一次次赶了回来，而我，就要留下来，做点儿不一样的事情。

后来，幸亏我创业了，要不然，我是不会有热情这样勇往直前的。直到今天，在我这个年纪，有太多的小伙伴已经回到家乡，但还好，我的热情还没灭，我还在勇往直前。

时隔多年，国贸写字楼的灯还没有灭，我的热情也还在继续，就像很多人的青春永不止息那样。火一直还在燃烧，一切都还在继续。

2.

创业这件事，是会让人上瘾的。

2015年，我和尹延、石雷鹏三个人联合加入了考虫，那时我二十五岁，正值青春年少，我们把热情全部都投入到了工作里，备课、教研、写作，整天披星戴月、废寝忘食。那段日子，我特别有热情，每天上好几个小时的课，到了晚上还在给学生唱歌。那时我一边参与一些管理工作，一边还在写作，两条腿走路，都没有停歇。没想到无心插柳柳成荫，写作写火了。有时候我经常会跟朋友开玩笑，说考虫是我的主业，写作是我的副业，结果把副业做大了。

我很怀念那段创业的时光，那时大家齐心协力，只有一个目标：

让教育平等，让更多的同学有机会上得起更好的老师的课。

可是很快，资本进入，没过多久我们就融到了 D 轮。我一直觉得，资本的进入并不是坏事，资本没有好坏，只有是否盈利一个标准能衡量。在这样的资本催熟下，一切都在改变，只是这些改变不再以之前的情怀作为基础，那些想把更好的课传播到更远的地方的价值观，在资本的"价格观"面前，显得太弱小了。

还记得那段日子，我们开始疯狂地上课，没有感情地上课，我觉得自己仿佛是一台上课机器，根本找不到自己的灵魂。课程的价格也开始上涨，从一个系统班 199 元到一个班几万元，费用在增加，可是无论师资力量还是配套服务，都跟不上。一时间，我们的口碑断崖式下滑，之后一个个老师陆续离开。

我差不多是在第三个年头，已经不怎么上课了。第一，总是上一门课没有意义，一个老师一辈子只上一门课，而且循环往复地上课，自身没有提高，这本身就很危险；第二，我也逐渐没了激情，不知道上完一门课有什么意义。

现在回想起来，好在我选择了一个人闷头写书，谁知道，写着写着也就写出来了。副业变成了主业，我反而成了这群老师中，走得最快和最远的。

有一次喝多了，我跟石雷鹏说，我的确走到过很高的地方，看见了很多不一样的人，还从不一样的角度看过世界，然后转身看很多曾经的合作伙伴，忽然心里挺难过。我也亲眼看见，一些老师因为只会讲课，到了四十岁后，被挤到了墙角，再也起不来了。

我看见，一些管理者，这么多年都忙于管理，个人能力毫无提高，几年在一个公司里，温水煮青蛙，最后去哪儿都没人要了。

创业给我带来了两样东西：目标感和激情。这两样东西，让我在任何一家创业公司都成长得很快。

我曾经跟一个四十岁的朋友一边跑步一边聊天，我说我们三十岁的人，身边有些人已经消失了，所谓消失，就是微信一关，人没了。他说，我们四十岁还有人疯了呢！

我一直觉得，在一个岗位工作五年还不去主动改变，要么你在这个行业如鱼得水，要么你自己早就没了前途。所以，走是早晚的事情，想走得更远，就要求变，只有还在主动寻求变化，一切才能更加美好，才有更好的可能。

3.

我是在一个夜晚突然决定创业的。二十多岁的时候，我总是跟着大哥们混，向大哥们学习。在考虫这些年，我学习了创业公司背后的逻辑，也搞明白了一个公司是怎么从几个人的规模逐渐壮大的，更懂得了很多商业上的逻辑，这些知识都是我的财富。

三十岁的时候，我也终于鼓足勇气，因为要轮到自己做老大了。所谓成长，就是逐渐发现大哥们其实也有局限性，大哥们逐渐也没有了社会资源，体力也慢慢地跟不上了。我突然发现，自己创业比给人打工难多了。给人打工的时候，觉得谁都是傻×，自己创业觉得谁都是爸爸。

好在自己没有怂，不懂商业就去学，不会搭团队就自己去请，不会分股票就去读书。有段时间，连抖音都天天给我推荐"股票不会分怎么办"。

说句实话，我也不太爱当老大，因为当老大越成功，就越会感觉到原来大哥也靠不住，到头来只能靠自己，而且压力越大，越感觉不到温暖。全公司的人都可以转身就走，只有你自己，必须咬着牙，把故事讲完。

2020年疫情期间，我拉着小伙伴摸爬滚打了一年，终于注册了公司。这一年我们试着从头开始，一点一点摸索商业的逻辑，一路上，我也试错了好几次，甚至好几次都弄得一塌糊涂。

直到2021年，一年过后，我跟小伙伴们说，我们一起搞个家吧！于是，在2021年3月，飞驰学院正式成立，建立在国贸万达广场，而我们也慢慢扩张，从几个人到十几个人，我想，我们的人还会变得更多，事情也会越做越大。

我曾经说过，考虫已经不是那个考虫了，但龙哥还是那个龙哥。我还是想把更多好的课，用更低的价格，传播到各个角落。这样的教育，才更平等。

三十岁后，我重新启程了，创业后，我许久未有的感觉再次回来了。

有些人就是必须在路上，因为只有在路上，才不会迷失。

像我这样。我会继续加油，让飞驰学院飞驰成长。

我还会继续前行，希望能看到更亮的曙光。

离别是为了成为更好的自己

1.

我忘了这已经是第几天，我从黑夜写到天明。

但写字，本身就是一些人的宿命：如果不去写，生活就只剩告别。

年纪越大，越受不了离别。如果说，儿时的我们还能安慰自己：离别是为了更好地相聚。那人到而立之年，很多离别，真的容易变成永别。

就在前些日子，我的一个哥们儿走了，上次见面他还笑嘻嘻的，这才没多久，他就服用安眠药自杀了。上次他去拍纪录片的时候，我陪在他身边探了两天班，离别的时候，他喝多了，他说，等他这部戏拍完，他的人生任务就完成了，死了就死了。

我笑了笑说："别瞎说，你要是死了，我给你买花圈。"

谁知道，那个玩笑，开到今天我笑不出来。人就是这么脆弱，有时候没有好好告别，最后一个嬉皮笑脸的告别就成了永别。看着灰蒙蒙的天慢慢变亮，我落笔也逐渐变得坚定，我知道，我又跟一天说了再见,又是告别。

2020年底,我送好朋友小白去机场。一年前,她要去英国读书,因为疫情耽误了。但她还是坚决要走,我问她,为什么非要这个时候去?英国的疫情这么严重,要是有个三长两短,该怎么办?

她咬了咬牙说,谁还不是为了奔前程呢?

我送她到浦东机场,看着来来往往的人,闻着消毒水的味道,陪她办理完最后的登机和托运手续,跟她站在安检口聊天,才发现像她这样的不是少数,很多人都选择在这个时候出国深造。

我们就这么聊着,直到最后一刻。我目送她上飞机,一开始我们都说好了,分别时不准哭,谁知道安检口竟然是环形的,刚说完分别,又见到了。可是,她转了个身,又要分别,我们就这样,遇到了三次,分别了三次。最后一次,我的眼泪夺眶而出,在看到她最后一面时,我几乎是喊了出来:"照顾好自己啊!"

我站在安检口半天没有缓过劲来,看见人们的分别和离去,看着人们的回首和再见,我内心久久不能平静。

还记得一位妈妈,笑着跟儿子挥手说"加油",转身就泪如雨下。

还记得一对情侣,隔着口罩接吻,眼泪瞬间就打湿了面颊。

那一刻我忽然明白了,其实分别才是人生的常态,无论头一天是多么热闹的景象,最终人都会回到孤独中,一切都会归零,你终究是一个人。

我曾经在《我们总是孤独成长》里写过:孤独是生活的常态,相聚才是短暂的幸福。太多人都不珍惜相聚的时间,以为那些美好会永恒。人们总是容易不珍惜眼前人，直到这人转身离开，从再见变成再也不见。

2.

我在二十多岁的青春岁月里曾经写过，分别是为了更好地相聚。

那时，我对未来充满着希望，现在看起来，我太乐观了。那时我觉得所有的分别都是为了更好地相聚，三十岁时我才知道，这世界并不是永远这么温暖，分别不是为了更好地相聚，分别是为了成为更好的自己。

分别是没办法避免的，就算你再不舍，"再见"也会找到你，然后一巴掌扇过来，打得你束手无策。

正如就算你再不舍这一年，这一年终将离去。

正如无论我多么不舍这一天，第二天也终将到来。

那既然离别是必然的，我们能怎么办？答案又是老生常谈：珍惜每一个当下，并记录。

2020年初，一场疫情把所有人都困在了家，"14天"成了每个人身体上的印记，口罩也成了生活的必需品，人们被隔离了起来，很多公司被拖入谷底，很多员工不得不咬牙度过危机。就在那段日子，一个跟我从小玩到大的姐姐在武汉被确诊了，身边的朋友全部被隔离，她爷爷在被隔离后的第二天也确诊了，进医院后没几天，就离开了人世。

后来武汉疫情缓和，我回到武汉跟她吃饭，她对我说了一句话，我永远忘不掉，她说："我不太能接受的是，我们终将会和最爱的人告别。"说完她的眼睛就红了。

我安慰她，没有人能阻挡这样的告别。

她擦干了眼泪，说："所以珍惜当下吧！"说完，她挤出了一丝微笑。

3.

在这 2020 年，世界像是被按下了暂停键，小小的病毒，挡住了大大的世界。

那段日子，我给自己列了一张清单，告诫自己，不要颓废，我逼着自己每天早起读书，下午戴着口罩去楼下跑步，晚上喝一杯酒，打开电脑写作。我想让自己的生活充实、规律些，因为只有这样，我才能走得更远。

那段日子我很孤独，除了在网上跟人聊聊天，我身边一个朋友也没有。我突发奇想，能不能带着大家一起读书？于是我办了一个读书会，谁知道，这读书会一办就是一年。

这一年，我陪我的学生通读了八十多本书，很多书我也是这样才逼着自己读完的，输出倒逼输入。

那段日子我很想找人说话，于是对着电脑，漫无目的地写着字，键盘敲坏了一个，写着写着，就时常写到天亮。这一年，我出了三本书，还成立了自己的公司。

那段日子我觉得健康太重要，生活太不易，于是每天都在楼下戴着口罩跑步，谁知道，这一跑，就跑了一年。这一年，我瘦了二十斤。

后来一个朋友问我，没见你的日子里，你真的变得优秀了好多。

我说，是的，因为离别不是为了更好地相聚，离别是为了成为更好的自己。

因为知道生活不易，知道总会离别，所以更要珍惜当下，自律每一天。

4.

离别不仅是跟某个人，也是跟某个地方。

我一直是一个跟时间赛跑的人，所以我很少浪费自己的时间，每天我都会精打细算，看看能不能多省出一些时间，做更多的事情。

2011年，我从军校退学来到北京，住在一个八平方米的单间里，里面蟑螂很多，每天早上起来，我身上都是各种红斑，奇痒难耐。于是，我下决心要好好赚钱，争取尽快搬离那个地方。

后来有了点儿钱，我决定搬到朝阳区住，因为那里有着更多的工作机会和资源。离开海淀区的时候，看着自己住过的地方，我忽然眼睛红了，我知道，我要和自己的青春说再见了。

搬到朝阳区后,我很快就适应了更好的生活环境。是啊,由俭入奢多容易。

搬到双井时,我已经可以住得起一个体面的小屋了。我在那里生活了三年,直到 2020 年底,楼上忽然住了个孩子,每天折腾到我睡不着,我决定再一次搬家。

在打包行李的时候,我看着一件件曾经买来的东西,一本本曾经读过的书,一件件曾经穿过的衣服,任思绪把我从现在拉回到过去,又扔向了未来。是啊,多少朋友就这么不联系了,多少地方就这么不会再去了,多少书就这么不会再碰了……

我忽然想起,年初时,我和一个相识十多年的朋友绝交了。但我并不难过,因为我知道,有些人就是在路上走失了,他有自己的路,而我也有我的。

忽然,我又在想,为什么我不会难过。想到这儿,我释怀了:因为我交上了更好的朋友,因为有这些优秀的朋友在身边,我也能看到自己在变得越来越好。

这好比你跟前男友分手,忽然遇到了吴彦祖,他还把你抱在身边,你还有什么好难过的呢?

于是我加快了收拾行李的节奏,不要留恋过去,不要矫情地告别,一切都是为了成为更好的自己。

在走出住了三年的双井的房子后,这次,我头也没回,没流眼泪。

因为我知道,所有的离别,都是为了成为更好的自己。

讲真的,我早就知道我赛不过时间,就算我很快,就算我每天都很努力,我又怎么可能跑得赢时间呢?

　　我唯一能做的,就是让自己变得更好,让自己对得起那些流逝的时光。

　　然后在高处,遇到一些更好的人和更好的自己。

　　如果注定要告别,就跟过去不好的自己说再见吧!

愿我们一起在更高处重逢

我是武汉人，我们是最先经历疫情的。还依稀记得 2020 年过年的时候，人们只是听说武汉小范围有疫情，还不太确定。

2020 年初，因为我的外甥饭团儿还小，去不了武汉，全家决定来北京过年。谁想到我爸那天突然变卦，给我姐打电话，说武汉现在应该有疫情，他们就不跑了，就在武汉过年。

我爸是个军人，他有个特点，但凡自己做了决定，谁都没有办法改变他，除非我妈亲自出马。我跟姐姐也习惯了，他决定了的事情我们一般不发表看法，因为知道改变不了，改变的方式只有一个，就是搬出我妈和他大战三百回合。我妈一般还是比较心疼我的，所以往往站在我这边。

我爸决定在武汉过年后，当晚，我姐给我发信息，说："李尚龙，你去劝劝让他们来北京过年，武汉现在太危险了。"

我说："你都劝不动，我怎么劝？"

我姐笑笑说："你肯定有办法。"

我依稀记得那天，我跟几个朋友喝酒喝大了，给爸爸打了电话。

现在想起来，如果我没喝大，我是不敢在电话里跟我爸吵架的。

我们吵到最后，我有点儿急了，我说："你来北京，我给你买头等舱。"

他也有点儿急了，说："不用你买，老子有钱。"

吵了半天，就差砸电话了。我妈妈来了，我以为她是站在我这边的，可她竟然说，她也觉得不来北京更好。

我问："你今天咋不站在我们这边，何况，你又是为什么呢？"

我妈叹了口气，说："我主要怕我走了家里这两只乌龟没人照顾，怪可怜的，毕竟这两只乌龟都是你的弟弟。"

我妈每次回到家就拿着她养的两只乌龟对我说："来，叫哥哥。"也不知道谁该叫谁哥哥。

还是要感谢酒的威力，我那天不知道哪儿来的勇气，对着电话一通乱喊。最终，他们俩不知道是被我吓到了，还是怕我气坏了身体，第二天过来了。

第二天，我爸坐在了高铁上，在电话里还不停地嘟囔着，说自己不希望来北京过年。

我跟我爸说："你就来吧，万一武汉要'封城'了你们怎么办？"

我爸爸说："武汉九省通衢，交通要道，怎么可能'封城'呢？"

我爸一边说一边骂，我和姐姐则早早在西站等候。等接到了父母，从北京西站往家开的途中，收音机里传来了声音：武汉"封城"了。

就这样，一个难得的机会，让我爸妈跟我和姐姐在一起生活了半年。这半年，是我高中毕业后，第一次和他们这么长时间生活在一起，他们还给我和姐姐过了个三十岁的生日。

后来大家也都知道了，武汉解封，我爸在第一时间赶回了武汉。有趣的是，我爸一从北京回到武汉，北京新发地的疫情就暴发了。

我妈妈被困在了北京。

我妈正在郁闷中，我爸回到家，带来一条信息："你的乌龟还活着。"

我弟弟的生命力真顽强啊，半年了，没给它喂食，它还活着，只是缸里的鱼全被它吃了。这是我第一次重新认识生命的坚韧，动物的生命、人的生命、英雄城市的生命，都是有韧性的。也就是这件事，让我进行了很深入的反思。

那天我在想，原来乌龟是不吃我们家鱼的，只要龟粮够。然而，疫情来了，乌龟没人喂养，为了能活下来，它一定想尽办法，可是，一个问题来了——为什么乌龟活着，而鱼全部死光了呢？

答案只有一个：能适应不同生存条件的物种，能够更好地活下来；适应性差的，遇到极端情况往往会灭亡。

这多么像乌龟和鱼的关系。

我到浦东国际机场送朋友去英国读书时，看到了一对情侣在接吻，女孩子要去英国读书，男生留在上海，他们见最后一面。大家在安检口聊天，直到该登机了，两个人抱在一起流泪。

这个瞬间让我感动了，因为他们都没有摘掉口罩，嘴巴和鼻子隔着口罩蹭着，像是要挣脱口罩的束缚，直到眼泪沾湿了两个口罩。

这就是疫情给人的改变,大家只能隔着口罩接吻,直到分别,他们也没见到对方一面,只能看见对方眼睛里的泪光。

但有一个问题:虽然疫情来了,改变了很多东西,但是不是有些东西是不变的呢?是的,比如他们的爱,比如他们离别时的伤感,比如他们过去的经历和未来的希望。这些东西,无论疫情多么严重,都不会改变。

同理,不会改变的,还有你个人的能力,个人对世界的看法,个人对事情的态度,个人对有所成就的渴望。

前几天,我跟一个制片人聊天,制片人跟我抱怨,都是因为疫情,好几个项目都耽搁了,亏了好多钱。说完她还刻意地叹了口气:"唉,都是疫情闹的,都是大环境闹的。"

但有意思的是,我回想了下和她认识的那几年,那几年她做得也一般,每部戏拍得都不咋样,而且也只是遇到风口的时候,能赚上点儿钱。我忽然明白,很多人的失落和失败,也不能全怪疫情吧!

我们总是抱怨大环境有问题,你有没有想过,你是多厉害的人啊,怎么你到哪儿大环境都不好呢?你是改变大环境的人吗?

毫无疑问,疫情后会出现这几个变化:失业率上升,阶层分化加剧,中产阶层继续焦虑,线上逐渐代替线下,口罩成了社交必需品……

这些话题,我不准备细聊,也没什么意思,因为这都是群体性和概率性的东西,我不太关注。有些数据讲出来甚至让人有些悲观,但请让我给你讲一个故事。

在 2020 年的 5 月，北京的疫情还很严重，许多人依旧躲在家里不敢出门时，我想在北京一家非常昂贵的餐厅招待我们的合作方，因为我想，疫情期间，大家应该都在家吃饭，我也不用提前订了，当天订就好了。

说实话我还有点忐忑，觉得疫情期间应该别乱跑。结果服务员告诉我，这一周他们的餐厅都订满了。我那时忽然意识到，这帮老板和有钱人，早就开始约起社交酒局，开始碰撞观点，开始工作赚钱了，而大多数人在家里待着，却只是待着而不去想解决方案。

我们总是盯着大多数人看，却从来没有想到，每个人都是少数，都是独一无二的个体，都能掌控自己的命运。

2020 年的大环境很糟糕，这是真的，但请记住，大环境永远是大多数人的趋势，不是你的。大环境是由一个个的个体组成的，而你可以是那少数人，你可以活成自己想要的样子。

其实，很早以前，网上就在争论中国的阶层是否固化了，其实相比阶层固化，智商固化更可怕。你天真地以为，你就是阶层中不可变动的一分子，你是大多数。你要知道，就算一切都固化了，个体永远是活跃的，你可以去任何你想去的地方，实现任何你可以实现的可能。

同样，2020 年的环境不好，经济也不好，趋势更不好，但或许，跟未来几年比是最好的一年。可是，那又怎样呢，这跟你有什么关系呢？你要做那只战无不胜的乌龟，还是要做那几条被咬死的鱼？

所以，后疫情时代，你需要做两件事：第一，无论环境怎么样，紧盯自己的目标，不要被周围的人打垮；第二，学会反脆弱的能力。

2020年初，我们不能聚会，不能举办签售，很多人以为我完了，但我很快就进行了调整。我把课程放在了网上，做在线课程，虽然不能跑签售，但我可以立刻沉下心来开始写作。看，这就是反脆弱的能力，人不能太脆弱，不能因为一条腿被砍掉，就倒在地上破罐子破摔。

在年轻的时候，请给自己多一些出路、多一些选择，这样在一条腿被砍断的时候，还有其他生活的可能。

说回我自己。这些年我一直用多条腿走路，写作、拍戏、教学，每一条路都能给我带来收入。如果有一天我被砍掉一份工作，不要紧，我还有其他的可能。

2020年，是不一样的一年，但是话说回来，哪一年是一样的呢？

每个日子都不一样，所以，我们更要翩翩起舞。这世界就算再怎么糟糕，个体永远是自由的。就像我，今年我觉得自己做得还不错。

2020年，我出版了三本书：《三十岁，一切刚刚开始》《我们总是孤独成长》，以及《1小时就懂的沟通课》。

2020年，我做了一个读书会，我还会继续办下去。

2020年，我帮我的好兄弟石雷鹏老师出版了一本书《永远不要停下前进的脚步》。

2020年，由我的小说改编的电视剧《刺》播出了。

2020年，我还在考虫上了三个系统班的课。

2020年,我瘦了二十多斤。

2020年,我在文学界正好五年。

2020年,我三十岁了。

我还会继续写下去,还会一直在路上,还会继续读书、思考、写作,谢谢大家见证我的成长。新的一年不久就要来了,让我们一起在更高处重逢。

对未来的期待

　　每到一个时间点,人都会对未来有些期待,比如过年,比如生日,比如每个月的月初。

　　这些期待,是我一直有的,我也在每天努力朝着期待的方向前行,希望能对你有所启发。

凡决定做的事情，
都必须有结果，
无论结果好坏

01

每年年初，我有很多学生都会决定考研，有趣的是，年底，他们许多人进了考场，结果考了一半就出来了。还有几个同学，压根没进考场，考前就跑了。问他们为什么，他们说，反正他们也考不上，何必尝试呢？明年再说吧！

其实你仔细看身边的人，多少人都在年初信誓旦旦地做了决定，最后连个结果都没有，真是可惜。

言必行，行必果，这是一个好习惯。这果，不一定是好的，不一定是成功的，但一定要有所交代。用一年的时间，成为一个牛人，哪怕没成为你认为的牛人，也要在年底积极复盘，争取第二年精进。

年初给自己一个承诺，尽自己所有的能力，完成那个目标：考上研究生、工资翻倍、盈利翻番、读完三十本书、跑五十公里……

如果可能，朝着定下的目标，做到极致，做到不可替代，做到不留悔恨。哪怕失败了，至少自己尽力了。

少一些无效社交
和没意义的聚会

02

我在过去很长一段时间里，进行的都是无效社交。不管谁邀请，我都会去，不少时候，把自己喝成傻狗。可是，第二天复盘，才发现完全没必要。

我曾经害怕不参加聚会是不尊重人，害怕不尽兴别人会不喜欢你，但实际上，就如我曾经写过的一样：商业世界里，只有等价交换，才能有等价感情。人脉，并不是你认识多少人，而是多少人认识你。

一个人尊重你，并不是因为你永无休止地巴结，而是因为你值得被人尊重。

一个人喜欢你，并不是因为你低三下四地赔笑，而是因为你身上发光。

如果可能，我希望新的一年，在参加社交活动前，先让自己变得更好，配得上更好的圈子，别总沦为陪酒、赔笑、点赞的局外人。到头来，你只是给别人点赞，谁也不认识你。

不要情绪大起大落,
少焦虑、少愤怒、
少在夜深人静时胡思乱想

03

情绪问题，几乎困扰着每个人。我们发怒，我们焦虑，我们胡思乱想，我们让情绪控制我们，我们在情绪中无法自拔。

总沉浸在情绪里的人，是做不成大事的。

其实，控制愤怒很简单，你默数三秒，告诉自己别生气，就能很快脱离出情绪。

控制焦虑也很简单，想明白让自己焦虑的事情是什么，立刻着手去做，迈出第一步，别拖延，焦虑就会减少很多。

如果遇到糟糕的情绪，跑步、爬山、游泳这些简单的有氧运动，都能促进多巴胺分泌，至少可以暂时打退那些坏情绪。

那么，如果可以，希望新的一年，大家可以不被情绪左右。如果坏情绪来了，能自我消化，不带给别人，等自己调整好，再把好的情绪带给别人。

勤洗头，
多减肥，
让自己好看点儿

04

在 2020 年，我的体重减了二十斤，从原来的大腹便便到现在肚子上没有了赘肉。很多人问我为什么减肥，我的答案只有一个：我想好看点儿。

我之所以想好看点儿，是因为我想每天都开开心心的，无论是别人见我，还是我见别人。当然，瘦不一定会好看，就像我现在瘦了，脸还是不好看，但至少，我去体检的时候，去年还有的脂肪肝没了。

所以，无论胖瘦，只要你开心，只要你健康，就很好。

在健康的前提下，让自己好看点儿，心情真的可以变得不一样。至于怎么减肥，大家去读我的《三十岁，一切刚刚开始》吧！

还有一个让自己好看的方式，我是最近才发现的：

勤洗头。

真的，很管用。

保证自己的阅读量，
如果可以，
去远方看看

05

如果可以，在新的一年，我想保证自己的阅读量。因为当你无法看世界或者和牛人交流时，读书是最好的方式，能打破自己的思维界限。

一个月逼着自己去读至少一本书，也可以选择去听书，筛选自己要精读哪一本。

请相信，一年读几十本书的人，跟一年一本书都不读的人，一两天真的看不出差距，但是一年之后，你能明显看出差别。不信你就坚持一年读几十本，然后逼着你的男朋友（女朋友）一本也别读，一年后，你猜谁会甩了谁……

当然这是开玩笑，读书并不是为了对外炫耀，而是帮助你找到通往精神家园的路。

除了读书，拓宽眼界的另一种方式还有远行，只希望明年 2021 年疫情能缓解，我们能走到更远的地方。

但愿如此。

和自己和解，学会欣赏自己

06

我的一个朋友患有小儿麻痹症，只能拄着双拐走路。小时候，他一直痛恨自己的父母把自己生成这样，长大后，父母离开了他，他又不停地责怪自己为什么会生成这样。他越自责，越发现自己做什么都做不好，直到有一天，他在日记本上写下：我不用责怪自己不完整，其实每个人都是不完整的。

写完这句话，他释怀了。他告诉我，那一瞬间，他和自己和解了。

人生有太多不如意，看似是和世界在斗争，本质都是和自己内心有冲突。如果可以，2021年请对自己好点儿，吃点儿好吃的，玩些好玩的，别对自己那么苛刻，放自己一马，微笑会更久些。

过去的一年，大环境已经很艰难，让自己简单些吧！

就算还是过得一塌糊涂，至少要记得微笑。

多陪陪家人和朋友

07

我父亲前段时间摔了一跤，老人最怕摔跤，好在他每天都锻炼，人无大碍，但这确实把我给吓到了。我吓到的原因有两个：第一，我忽然意识到，父母老了；第二，我是在父亲摔了两天后，才从姐姐那边知道的。

过去很长一段时间，我都忙得昏天黑地，忙到没有时间跟远方的父母打一通电话。父亲心疼我，每次给我打电话前都会问我："方便吗？"等到我说方便，他才拨我电话。很多时候，忙着忙着我就忘记回复了。

新的一年，无论事业是成功还是不成功，都要记住，父母又老了一岁，如果不能经常回家，就经常打个电话吧！

早上说个早安，周末报个平安，平时经常问安，才能真正心安。

祝全天下的父母，在2021年都平安健康。

做自己热爱的事情,
爱自己热爱的人,
并坚持

08
▸▸

这一条，是我最期待的：

希望在将要到来的日子里，我们可以做自己热爱的事情，然后赚到钱；爱自己热爱的人，哪怕没有结果；走自己热爱的路，哪怕风雨兼程。

希望每个人身边，都拥有自己热爱的一切。

我所理解的美好，就是和自己热爱的一切在一起。

Part 2

人生就是一套算法
和一系列选择

你现在呈现的模样，
就是过去一系列选择的结果

1.

过年回到老家，我一个人去电影院看电影，买了一杯饮料，站在一旁等候。我摘掉口罩，把饮料送进嘴巴里，这是疫情期间少有的能露出全脸的机会。此时忽然听到一个声音叫我："李尚龙？"

我一转头，看到一个人同样摘掉了口罩，冲我一笑。

我半天没想起来是谁，他又笑了笑，说："你真是贵人多忘事，我是×××。"

我忽然想了起来，这是我初三的同学，曾经的好朋友。

我说："你怎么在这儿？"

说完我就后悔了，我也不知道说这句话干吗。他也有点儿不好意思，他说他有关注我的发展，还关注了我的微信公众号，然后他摸了摸自己的脑袋，说他这些年换了好多份工作，还结婚生了孩子。我们寒暄了几句，电影要开始了，我们就分别了。

进电影院后,我久久不能平静,思绪一下子被拉回到初三那年。

这个同学原来跟我可以算是形影不离,他的座位就在我旁边,每次各列轮换的时候,我们总是只隔着一个过道。然而就是这么近的距离,时间是如何把未来的我们拉得那么远的?

我想起那时,"古惑仔"风行,身边的同学不是效仿陈浩南,就是觉得自己像山鸡,而他就是在初二那年,加入了当地的一个"黑帮"。说是黑帮,其实也就是一群高中生组成的社团,大家成天聚在一起骑摩托、打篮球、逃课、耍帅、追女孩,有时候还收点儿"保护费",但拿到钱无非就是去网吧打游戏。

他们什么都爱干,就是不爱学习。

还记得有一次,他带着一群人跟其他学校的学生打架,而我就在旁边助威。

很快,到了初三,因为成绩下滑,我被老爸臭骂一顿,被迫每天跟着姐姐上自习,很早就回家做作业。后来中考结束,我很顺利地升入高中,而他落榜了,之后便杳无音信。

后来听同学说,他自费上了中专,但中途退学了。

现在回想起来,这群加入"黑帮"的同学,当年咋呼得最狠,但没有一个在长大后能发出属于自己的胜利之声。如果再给他们一次机会,不知道他们会不会有所改变。

我想起在关注校园暴力的那段日子里看过的一句话:小时候做太妹,长大当洗头妹。

这么说虽有偏颇,因为职业不分贵贱,不管是做洗头妹还是在电影院卖票,都是正经职业,没有高低之分,但是我更想做我现在做的事情,因为我能多一些主动权,能多一些开心的时光,也能让自己生活得更好一些。

于是在电影院,一个问题一直萦绕在我的脑海中:是什么让初中时在一起的同学,忽然分开?不,不是忽然,是慢慢分开。随着时间的推移,一个走到了柜台外,一个还在柜台里;一个去了大城市,一个还在家乡打工;一个过上了自己相对喜欢的生活,一个还在摸摸脑袋不知道该对生活说些什么。

直到电影结束,我依旧没有找到答案,命运似乎在某个节点把人和人分开了。人是怎么改变的?

我就这么想着,直到回到家,我忽然明白了。

2.

我想起,上一次被这么叫住,是在六年前,那时还没有疫情,出国还很容易。

那是我第一次去美国,走进斯坦福大学的校园,也有一个熟悉的声音叫住我:"你是李尚龙吧?"

我转身一看,同样不晓得是谁。

这该死的岁月,总让人记忆模糊。

她笑了笑说:"我是×××啊!"

天啊,这是我高中同学。她高中时坐的位子,就在我前面两排,而我之所以不太记得她的长相,是因为我总是只能看到她的背影。她也很少说话,回想高中几年,我甚至没有太多机会跟她聊天。

我之所以记得她,是因为她有个特点:每次做操的时候,她总显得格外诡异,我所指的格外诡异,是指在那个叛逆的青春期,当听到"第二套全国中学生广播体操——时代在召唤"的时候,所有人都习惯性地松懈、敷衍了起来,大家只是假模假式地摆摆手、踢踢腿,只有她做得特别认真,不仅认真,动作幅度还大到夸张,用她的话说:"只有好好做了操,下节课才不会困。"

于是,大家都在后面指手画脚,笑嘻嘻地议论她。直到后来,她被说有什么病,身上有什么味道。那段日子,甚至没人敢理她,因为怕自己被孤立。

哦,对了,也包括我在内,我并没有那么勇敢。

有趣的是,她并不在乎,只是默默地在学习,盯紧自己的目标。无论别人怎么说她,她都装作没听见,除了学习,还是学习。不出所料,她每次考试都考得很好。

她的生物课成绩拔尖,高三时她就是生物课代表。很长时间,我都特别想向她请教生物方面的问题,但我不敢,我怕被同学孤立,更害怕她身上的味道和所谓的病。

高考结束后,她顺理成章地以优异的成绩进入华中科技大学,后来去美国读了研究生,还在斯坦福大学当了助教,在学术领域取得了很多成就。那天我跟她在美国还聊起高中时的事,她说,高中时,她知道很多人对她不友善,但她认准自己是来学习的,是来实现自己生物学上的梦想的,其他的,她才不在乎。她只想盯紧自己的目标。

而那个时候嘲笑她的所有人,没有一个比她干得好。

在我写这篇文章的时候,我特意打了个电话给她,才知道她已经回国,在北大的实验室工作,又是一份得体的职业,又是一段体面的人生。

我问她我能不能写她,她说可以,别实名。然后我们又聊了好多高中同学,我这才知道,我们高中的很多同学都过得一般,人到而立之年,总会遇到些难事,生活也开始得过且过了。其实这些年,我经常会在同学的朋友圈里看到谁又抑郁了,谁又被炒鱿鱼了,谁离婚了,谁疯了,谁在做水滴筹……

那么,回到电影院里我一直思考的问题,是什么让高中时在一起的同学,忽然分开,不,不是忽然,是慢慢分开,一些人走向了稳定体面,而一些人走向了焦虑难熬?

答案是,一些牛人懂得专注于学习,而另外一些人总被鸡毛蒜皮的事带着跑。前者随着时间推移,越来越厉害,后者随着时间推移,越来越迷茫。

仅此而已。

3.

这些年,我一直很喜欢"平行宇宙"这个概念,如果真的有平行宇宙,我会不会也在卖电影票,我会不会也有机会在北大实验室工作,如果真的有,那两个我跟现在的自己为什么会不同?

答案很简单,人生就是一套算法和一系列选择,我之所以不是那两个我,是因为我选择了一套不同的算法,因为我做了不同的选择。

因为在初中的时候，我决定离开那个"黑帮"，不被那些看上去威风的事情带跑。我决定去学习，努力改变，于是我考上了高中，后来一步步走到了今天。

因为在高中的时候，我没有努力学习生物，没有那么丰富的生物知识和那么强烈的爱好，所以我不可能成为她那种做学术的人才。

还是那句话，职业没有贵贱，每个职业都值得尊重，但为什么很多人从学校毕业后，一直在做自己不喜欢做的事情，而且从来都不开心？

答案只有一个，因为他在年轻时种下的因，只会带来他自己不想要的果。如果一个人不去刻意改变自己的算法，他就一定会沦为时代的数据；换句话说，你不按照自己的想法活，你就不得不按照自己的活法去想。

你现在呈现的模样，就是过去一系列选择的结果。别抱怨，为此负责。

你现在的果，就是过去的因带来的。

当然，我们不能改变过去，可是我们可以创造未来。

那么，怎么创造未来呢？

从现在起，种下你想要的因，未来你才会得到想要的果。

想象一下十年后，你想要什么？如果想明白了，现在就为它做点儿什么，专注于它，不要把目光放在对手身上，要放在目标上。

共勉之。

你是否会在深夜想起谁?

1.

在一个夜晚,军校的两个战友忽然来到我家,一个带来一张福,一个带来一瓶酒,两个人几乎异口同声地问:"爸爸还好吧?"

我的父亲在前段时间检查出患有膀胱癌,无奈之下,我发了条朋友圈。许多人表示了关心,只有他们来到我家,帮我找医生,帮我出谋划策。

我联系了很多家医院,查阅了大量的病例资料,虽然父亲的病情控制住了,但我依旧担心。一个人生活久了,总会有些莫名的焦虑。

那个时候,我与两位战友已经很多年没见,我甚至担心不知道要聊些什么。阿迪是我师兄,现在还是现役军人,他喝了一杯酒,缓缓对我说:"尚龙,你还记得吗,那天晚上你打电话跟我说你心情不好,我陪着你在学校南边的操场散步,你一边散步一边哭,说这样的青春过得有什么意思。我告诉你,谁还没受过点儿委屈啊,在深夜里痛哭很正常啊!"

就这么一段话,把我的思绪拉回到十年前,那些在小店吃泡面的日子,那些蹲在其他学校门口看女生的日子,那些压力大到我们一起放声大哭的日子,忽然都历历在目。

吃了两口饭,喝了两杯酒,我打开手机,播放了一首歌,这首歌叫《玫瑰花的葬礼》。现在的年轻人,可能已经不知道许嵩是谁了,但那时,许嵩、汪苏泷和徐良被称为"QQ音乐三巨头",几乎无人不知无人不晓。我们三个老男人,就听着这首歌,单曲循环,猛地喝完了一瓶酒,然后开始讲起这些年陪我们一起听过这首歌的人。

歌曲里存着故事,旋律里存着感情,歌词里有着秘密。

一首歌,把我的思绪拉回到一个个夜晚,他们一个个故事娓娓道来,让我回想万千。

我忽然想起了一次聚会,如果没记错的话,我应该在那个场合见过一次许嵩。那一天聚会上有很多人,我没来得及跟他聊上一句话,没有做自我介绍,微信也没加,我最终还是没办法鼓足勇气告诉他:"我是听你的歌长大的。"

后来我安慰自己,有些人,远远欣赏着就好。

因为再次听起《玫瑰花的葬礼》,我想起的并不是许嵩,而是另一个人,这人已经结婚了,婚后没多久,这人就自杀了。

别瞎想,这是个男生,是我多年的朋友,一直患有重度抑郁症。

还记得最后一次见到他,他说他想剃个光头,想辞掉工作,想杀了老婆孩子,然后他喝了好多酒,生气地拍桌子,转身就离开了。那天离开时,酒吧里放的就是《玫瑰花的葬礼》,好应景。

我和另一个在场的朋友说,这哥们儿又疯了。

再之后,就是看他父亲在朋友圈里发了那段话:"感谢大家关心××,他在三天前离开了这个世界,希望你们都好好的,也希望他在那边不要再像今生这样不开心。"

2.

岁月没有办法回头,我们没办法时时刻刻地记着他,我们只能朝前走。

他的故事很长,有机会我再写出来。

让我回到主题。如果深夜想到一个人,应该怎么办?答案只有一个:朝前走,不要回头。

有一天,我跟一个四十多岁的老大哥聊天,他说,到了他这个年纪,几乎每年身边都有人走,走着走着,自己就颓了。

他还跟我说,到了四十岁,他还一事无成,老婆没有享福,孩子没能上得起国际学校,父母体弱多病,自己过得也不开心,说着说着,他还来了句,还不如跟那些人一起走了算了。

我不喜欢这种悲观,于是我当他的面直接说了:"如果有一天,我到了你的年纪,活成你这样,那是我的悲哀。"

他笑了,说:"你还年轻,没遇到过什么生离死别。"

我也笑了,说:"离别不一定是生死,这世界,想丢掉一个人,太容易:你只需要删掉微信,换掉手机号,这个人就离别了。"

他笑了笑,说:"也是,离别,哪来什么生死?"

我想起许多没有死去的朋友,只是删了微信,他们就在茫茫人海中,跟我永别了。再也见不到,再也没了音信。

其实,离别,就离别了,你再怎么回头,也见不到他了。因为他要么上了天,要么入了地,要么走到了另一个岔路口,朝着不同方向前行了。

说回那天聚会。喝多了后,我问战友:"你有没有那种会在深夜忽然想念的人?"

他说:"有,但越来越少。"

我好奇地问:"是谁啊?"

他挺不好意思地说了一个人。我知道,这个人是他前女友,他曾经爱过她,爱得很深,后来分手了,然后删了她的微信。现在,十多年过去了,两人早就相忘于江湖,都有了自己的家庭,谁也没再见过谁。他有些不好意思地说:"我跟她分手时,耳边响起的,就是这首《玫瑰花的葬礼》。"

我说:"你还会想跟她在一起吗?"

他笑着说:"怎么可能?"

我又问:"你后悔删掉她的微信吗?"

他笑了笑说:"那一刻,她已经死了。"

3.

有人说,情侣分手了,就意味着对方已经死了。一开始我不太明白,那天晚上懂了,当你知道对方在你生命中死了的时候,恭喜你,你开始放下执念,朝前走了。

无论深夜里想到谁,都别让情感陷入十八层内心,朝前走,不要回头。

2020年的一个夜晚,肖央来我家喝酒,同行的还有一位医生朋友。医生朋友德高望重,是三甲医院的主刀医师,身份地位都是顶尖的,可几杯酒过后,大家都喝多了。喝着喝着,就失去了理智,忽然他开始无来由地谩骂,不知道骂谁,没有对象。我们一边任由他骂着,一边送他下楼。

直到下楼上了车,坐在车里的他还无休无止,司机害怕,马上报了警。

警察来后,我们一直道歉,直到我们取消了订单,司机才说了句"算了"。后来,我让没喝酒的朋友送他回家,直到他几乎睡着了,被抬上了车,司机才看了眼我们,说:"都不容易。"

我说:"什么?"

他说:"到中年不容易。"

我笑了笑,试问,哪个年纪容易?

接着我回到家,拿出尤克里里还有一旁放着的吉他,蹲在地上,打开一瓶威士忌,然后用尤克里里弹起了一首歌,那首歌,叫《老男孩》。

我把吉他递给了肖央,他在一旁,跟着唱起来,说真的,能听到现场版,我的眼泪都快下来了。

各自奔前程的身影，匆匆渐行渐远。

未来在哪里平凡，啊，谁给我答案。

那时陪伴我的人啊，你们如今在何方……

是啊，转眼，三十岁的肖央和四十多岁的王太利，一个已经四十了，一个已经过了五十。而我作为一个粉丝，也从二十岁，变成了三十岁。

朋友在一旁问我："听《老男孩》的时候，你会想到谁？"

我说："我会想到一个人，这个人已经死了。"

朋友问："是谁？"

我说："我。"

4.

这些年我总在深夜忽然想起那些从我生命中逝去的人，有些是因为生命的陨落，有些是因为时光的淡忘，还有些，人还在，可已不是当年的那个人了。

我就是，我早就不再是那个懵懂迷茫的少年，我早就不是那个一无所知的青年了，三十岁后的每一天，我都很努力，也都很累，但也都很开心。

我也经常会在夜晚想起之前的自己，想到那些没有压力的白天、激情焕发的夜晚，我想念那个时候的那个少年，但我知道，我必须跟他说再见，因为我需要往前走，我的梦想，是遇见星辰大海。

慢慢地,我们会明白,生离死别是常态,生死离别,如白天黑夜。

想念一个人挺好,即使你知道可能再也见不到,至少,这样能让你在黑夜里看得更远。

有时候见不到,反而能让我们看得更远。

我很喜欢一句歌词:时光一去不回头。

其实,没什么好想的,青春最好的模样就是义无反顾地往前走,如时光一般,别回头。

当你和世界不一样

1.

在深圳待了几天,闲来无事,忽然想吃大排档了。我总是跟朋友开玩笑说,我的胃决定了我的地位,从小到大,只要是夏天,一饿了我就想吃大排档。

在深圳的几天,天气好到吓人,于是,我有时候叫上几个朋友,多数时间还是一个人,走进路边的大排档。一个人的时候,安静下来,我就总能听到身旁几个年轻人在聊天,有意思的是,听了几次,无非就是那些词:私募、股份、基金、股票、上市……

转身看看,他们都很年轻,长得都不一样,聊的话题却大同小异。每个人都在聊自己听到的一些实现财务自由的神话,比如哪个程序员赚了一个亿,比如哪个企业家卖掉了自己的公司,又比如哪个做自媒体的一年净收入三千万……

所有的话里,都透着两个字:搞钱。完全一样,没有一个人的话题超出了这两个字。

我想起曾经的北京也这样，比如在朝阳区的漫咖啡，谈的所有项目，都估值十个亿以上，估值二个亿的都在星巴克谈，不到一个亿的也在星巴克。

后来，连中关村附近的大排档也沦陷了，人们不停地讨论着上市、财富，还有股票的红和绿，参与讨论的几乎都是二十多岁的年轻人。这真是一个新的时代，全民炒股，每个人都只谈钱。

我忽然在想，我在二十多岁时，跟朋友在谈论什么呢？

就在这时，一条热搜映入眼帘：张雪峰离开北京。张雪峰，考研知名教师，一个无数次跟学生说要去大城市，要去北京、上海、深圳、广州的人，也在十四年之后，离开北京到了苏州。不知道为什么，我忽然感到了一丝悲凉。这座城市，还是留不住人，所以，大家奋斗到底是为了什么？搞钱到底是为了什么？

我记得第一次来深圳的时候，是在2012年。那年我刚退学，来深圳找工作，跟很多人一样，我没有找到工作，只感到了深圳的"深"，然后就灰溜溜地回去了。我经常把这个故事讲给朋友听，朋友问我后悔吗，我说，倒还好，后来我在北京做得也不错，能活下来。

朋友强调说："我的意思是，没买房后悔吗？"

我一开始没懂，后来才明白，深圳的房价从2012年开始飙升，到了今天已经是天价。又是搞钱。

坦白说，我也不后悔，因为那个时候我买不起，这个时候，我还是买不起。但如果问我有什么后悔的事，我想应该是我没有把一无所有时的故事记录下来。那些不甚美好的回忆，那些艰难的时刻,好多已经被遗忘了。

后来,我再来深圳,已经是个小有名气的作家了,那次出行是去书店签售。

经常有读者讲述自己的故事给我听,他们一边讲,一边特别小心翼翼地说:"别告诉别人。"这些故事,多半跟搞钱无关,只有那个时候,我才能感到人作为人的温度。

那些故事,有些是一起吃饭的时候讲出来的,有些是一起喝酒的时候说出来的,有些则写成了信,还有些是从微博、微信里看到的。这些故事,多半和钱没有关系,只是透着一代人的迷茫和温情,哦,不是,是每一代人的迷茫和温情。

我想,那些东西,才是人最终的归宿。

2.

我二十多岁时,人们还很少谈论股票、基金,大家还相信努力工作才能赚钱,但现在大家已经不太相信这些东西了,大家更相信一夜暴富的传说。朋友圈里,好多"股神"动辄一天赚了几百万。没事就白天买个 A 股,晚上抛个美股,看见他们过得很爽,于是人人都入手了,连基金经理都"饭圈化"了。

我倒不反对暴富,但我总觉得,如果每个人,或者,如果每个年轻人的脑子里只有这些,是不是好事?

我从来不觉得钱不重要,商业是人类伟大的发明,因为有了商业，人类才能走到今天。我甚至觉得，商业是很伟大的，所以，我才会去读商学院，探寻其中的奥秘，了解商业背后的逻辑。可是，我总会猛然间觉得，当一个人无时无刻不在谈钱，一个社会每时每刻都只在谈论商业，当年轻人已经不重视学本事，整天只知道投机，这个社会是不是太单调了。

如果整个社会只有一套话语体系，最终的结果只可能是社会变得乏味，甚至浮躁。如果一个民族的年轻人每天聊的话题都是熊市牛市，这个民族恐怕只会朝钱看，不会朝前看。

这是这个时代的悲哀。

经常有高中生跑来问我应该买什么基金，说实话，我第一反应是慌。我倒不担心他们的钱从哪儿来，虽然我反对机构和公司大量放贷给年轻人，但我真正担心的是，他们在本应该学习的年纪，学会了投机。我记得我们高中的时候，只听说过有人炒股自杀，也偶尔听到一些人炒股赚到了钱，但大多数时候听到的，还是谁数学考了满分，谁考了年级前几，当然比这些更频繁地听到的，是谁跟谁在一起了。

虽然每个人聊的话题都不一样，但至少，那是一段有温度的时光，也是话语体系更复杂的时光，我们不仅会讨论未来，也会讨论爱情。不像现在，所有人似乎都在聊一个话题。

其实越长大，我越害怕所谓共识，也很怕那种集体式的表达，这样的共识和表达很容易磨灭个性，让人丢掉内心最不一样的温暖。这些温暖很容易在时代里被抛弃，尤其是当大量具有商业属性的话语开始代替个人表达，大量广告、段子开始代替文学、诗歌,一个人不以赚钱为目标、不把赚钱当作终极目标就会被认为有问题……就在这样的话语体系里,个体的思想一定会受到影响,最终让自己受到伤害。

我的一个朋友,前段时间从腾讯离职,去了一家银行,在外人看来,她是自降身价。但是,她很开心,她说,工资虽然降了点儿,但压力小了很多,至少她有时间可以陪陪孩子,重新审视一下自己千疮百孔的生活了。后来,她选择了离婚,自己带孩子,自己还房贷,但她还是很开心。虽然她从小就很优秀,品学兼优,一直是人们眼里"别人家的孩子",毕业后也赚了很多钱,可是,这一切都不是她想要的生活,她终于还是选择了做自己。我们俩关系很好,她从民政局出来后,给我发了条信息,她说:"那一瞬间,我觉得我变回我自己了。"我说:"我为你开心。"她说:"那我和别人不一样了。"

我说:"每个人都和别人不一样。"

3.

这个世界应该有着多种多样的价值观,至少对我来说,我不喜欢和别人一样,我反对那种莫名的跟风和统一的表达,我甚至害怕这些千篇一律的生活与表达。我喜欢那些不一样的个体、不一样的思考和不一样的人生,因为但凡一个人决定跟别人一样,他就会变得焦虑,而我们明明知道,这世界上并没有两片相同的叶子，也没有两个相同的人。那么干吗要去跟别人一样呢？一些人财务自由了，一些人赚了一个亿，一些人年薪百万了，那都不重要，重要的是，你开心吗？你喜欢你现在的生活吗？

所以，喜欢什么就去追什么吧，哪怕这东西看起来特别怪；想要去远方就去吧，能短暂得到的放松也是一种生活的成就；不想结婚就别结婚了，谁说结婚就一定是正常的，不结婚就一定不幸福；想要跳槽、辞职，都去干吧，只要自己不后悔。当然，想要搞钱也去搞吧，但不要因为大家都在搞钱你就盲从，而要因为你喜欢那种成就感。

我们经常被问到，什么才是理想的生活呢？

我想，所谓理想的生活，就是那种不定义自己，按照自己的想法过一生的生活。这一生，也许你跟别人都不一样，那又怎么样呢？

三十岁的人，和年轻人还能拼什么？

1.

前些日子，我带朋友去看话剧。这位1991年生的女生看到结尾处热泪盈眶，然后她转头就买了两张话剧票，说要请父母看。我问她为什么，她笑了笑说，让父母也了解一下"中年人"的乐趣。

我愣了一会儿，忽然懂了她的意思。

是的，1990年生的人已经到了而立之年，她早就意识到了这件事，而我还坚决不愿承认三十岁的人其实已经是个"中年人"了。

其实，嘴巴不愿意承认，身体却很诚实。

也是前些日子，朋友拉我去滑雪，我欣然接受。到达崇礼之后，我还是害臊地选择了双板。朋友们一个个说我是老年人，说只有老年人才滑双板，我摸了摸脑袋，说："我先从双板开始学起吧。"

接着，这帮坏人就把我带到了高级雪道，说："没关系，我们带着你，放心，不会有危险的，我们都滑了好久了，只要你不加速……哎，不都说了你不要加速，你怎么滑这么快……哎，你等等我们……哎！你注意安全啊……"

说实话，后面的话我都没听到，因为我几乎是毫无征兆地就滑了下去，我并没有卖弄我的技术，我只是不知道怎么刹车。

我直接说结果吧，我几乎是拿屁股蹭下去的……

同样是那段时间，我带团队小伙伴来三亚跨年，在游艇上，船长忽悠我们可以玩尾波冲浪，我看了看我们1996年生的小伙伴，他们一个个都胆怯地说算了。我想，作为一个刚满三十的"90后"，我要做好表率，告诉他们生活就是挑战，不能怂。于是我穿上救生衣，在他们的鼓励和尖叫下，上了船，然后到了海中央，勇敢地站到了冲浪板上。我也直接说结果吧……那二十多分钟，我几乎都是在海里度过的……

海水真好喝。

2.

也不知道从什么时候开始，我觉得自己的体力一天不如一天，也不知是从小平衡感不好，还是随着年岁增长必然如此。身边的朋友跟我感觉一样，尤其是到了上有老下有小中间有领导的年纪。

我想起高中打篮球时，我总喜欢跳得高高的，让球以完美的抛物线降落，无论这球进没进，动作一定要帅，因为班上的班花在看。但是现在，每次在篮球场，能不跳尽量不哆嗦，进不进球不重要，不要把自己搞死才是关键。至于有没有女生看，不重要，因为搞伤自己，关心你的永远不会是女生，而是同事。他们会事无巨细地关心你：你还在吗？还活着吗？稿子写完了吗？

真令人感动。

我曾经被人问过，人是从什么时候开始变老的，其实这些天，我心里有了答案：是从计算得失时开始变老的。

计算得失不算是坏事，小孩子才谈爱恨，大人只计算代价。

不得不承认，那位朋友说得对，她告诉我，她作为第一批"90后"，相亲的时候，大家都不谈爱了，只拿出一张表格，亲切地告诉对方："你把你符合的，打个钩，谢谢。"

"90后"很多已经是职场的中流砥柱，许多人已经升到了经理级别，也有些人甚至都创业成功了，他们虽然上有老下有小，虽然脱发，虽然时常低迷，虽然一天天大醉后萎靡不振，虽然一周难得锻炼一次，虽然莫名四点醒了睡不着……但总体来说，还是在努力。

我也时常被问到，"00后"已经开始崛起，现在"95后"无论是活力还是动力，都在"90后"这代人之上，那么这些三十岁的人，还有没有救？

直到最近，我忽然悟出来了，在这里跟你分享。

人年纪越大，越应该明白两个道理：

1. 年纪越大，越不要跟年轻人拼体力。

像滑雪、跳伞、蹦极这样的极限运动，如果你不是特别想要或者特别喜欢，还是不要刻意效仿年轻人了。毕竟，人家摔一跤，一个月康复，你伤筋动骨要一百天。你可以考虑在一旁给他们买单，哪怕不买单，买两杯水或夸人家两句"你真厉害"也是一种参与。

2. 年纪越大，越不要跟年轻人拼感情。

人家喝一场酒，哭成傻狗，第二天就能恢复。你喝一场酒，第二天就要发誓戒酒，然后对自己说："职场里不相信眼泪。"真没必要。你不喝酒，请人家喝，然后组好局，保持男女比例平衡，也能凸显你的价值。年轻时可以感情泛滥，你三十岁的人，感情就别泛滥了，如果可以，钱财泛滥才是这一年你应该追求的目标。

那应该跟年轻人拼什么？

我想了很久。逐渐进入中年的你，以下两件事对你很重要，与你共勉。

1. 理性

理性的第一条法则就是"认怂"。

"认怂"是人到中年的必修课。有段日子，我开始频繁地把"不知道""我不行"挂在嘴边，其实这些我现在做不到的事情，都是年轻时我会毫不犹豫主动冲锋陷阵的，比如报名跑马拉松，比如报名参加篮球队。

到三十岁后，我越来越知道自己擅长什么、适合什么，也越来越知道自己不擅长什么、做不到什么。

比如，我很确定，那些极限运动并不适合我，不是因为这些活动不能给我带来多巴胺，而是我能从读书里找到更多让我兴奋的东西，能在写作里找到更多让我高兴的理由。

我并不是不喜欢极限运动，但是玩一天，第二天浑身疼，这么算算，有点划不来。

理性的第二条法则就是"说不"。到了一定的年纪后，就应该对一些事情和人说不，那些看起来具有诱惑力的东西，看起来谄媚的人，那些坏人、恶人、情绪失控的人……无论过去跟你有过多少交集，到了一定的年纪，你都应该勇敢地对他们说"不"。

不是因为你不再期待，而是因为你明白，这些东西可能跟你无关。

我在网上看过一个段子，说聪明的人，十多岁的时候，会慢慢意识到自己是个普通人；二十多岁时，会意识到父母是普通人；三十多岁的时候，会意识到子女是普通人。

这看起来无奈的语句，其实隐藏着大智慧，是一种对高大上的断舍离，是一种对自己的理解。

你在什么地方，就过什么样的生活；如果你的欲望够大，就要多努力；如果你的欲望不大，过成一条"咸鱼"，又何尝不可？

人越长大，越要明白自己是个什么样的人，无论别人怎么说你，你至少应该知道自己是什么样的人。

人只有认识到自己适合什么，知道自己是谁，才能跟世间万物对你的诱惑划清界限，从而做回真正的自己。这也是中年人应该明白的道理。

2. 智慧

我们能和年轻人拼的第二点，毫无疑问，只有智慧。

这里有个模型跟大家分享。

数据、信息、知识之间的关系，有一个框架性的描述：这个框架是金字塔形的，最底层、面积最大的部分是"数据"；往上更高一层，面积比较小的是"信息"；再往上，面积更小的一层是"知识"；最顶尖的是"智慧"。

很多人以为智慧是信息，于是大量地吸收一些没意义的信息：短视频、热搜榜、娱乐新闻。但请注意，智慧不是信息，在信息上，我们不会有太大的差别，我们知道的，他们早就知道了，甚至知道得比我们多。

还记得在一个晚上，一个"05后"的孩子问我怎么看《金瓶梅》，我吓了一跳。我想，这个时代的我们和下一代人能获取的信息是一样的，我们能看到的热搜，他们也能看到。

但唯一不一样的是，我们还有智慧，同一条信息出现在两代人的眼睛里，两代人看到的是不一样的。

比如林奇被下毒，信息层面是一个悲伤的消息，一个愤怒的新闻，而智慧层面是公司治理一定不要暴君化。从《三体》就能看到影视版权背后的水有多深，而我们从中能学到什么……

信息是表面留存的水花，智慧是背后的逻辑。

一个人想要弄明白背后的逻辑，除了时间的积累，就只有通过经验上的积淀了。

再换句话说，我们能拼的，不是谁知道得多，而是谁能更好地掌握背后的逻辑，为自己所用。

我曾经遇到个商界大佬,每次在一起吃饭,他总像个局外人一样,一会儿问我这事什么时候发生的,那事你在说什么。我问他:"你是不看新闻吗?"他说:"我看得少。"我问:"那你不怕被时代抛弃吗?"他看了看我,又笑了笑,说:"我现在应该还没有吧。"我忽然想到,这哥们儿身家破亿,还在努力奋斗,那些看起来什么都知道的人,每时每刻都在被信息带着跑的人,好像被时代抛弃的也不少吧……

我们能拼的,就是用现有的资源和智慧,创造出更大的价值。

当然,我写这篇文章,也不是想人为地把人分成三十岁前与三十岁后,我在写《三十岁,一切刚刚开始》的时候曾经说过,我很反对用十年为一个单位划分人,因为废人和牛人是不能用年龄划分的,每个时代都有废人和牛人。

但随着身体开始走向中年,战略和打法都要发生变化:原来选择冲刺,现在最好是慢慢跑完全程;原来可以通宵不睡,现在通宵不睡后至少要在第二天调整一个中国到加拿大的时差。

但无论哪个年纪,思想上的奋斗必须是常态,但我们可以选择一个身体适合的方向。

否则,一次极限运动后,你可能就爬不起来了。

除了终身学习、勇往直前，我们别无选择

1.

在三十岁后，我决定重新深造。于是，在投资人的建议下，我去读了长江商学院的 MBA。

在此之前，我并不觉得自己还需要深造，因为很多疑惑，现在都能直接从书里找到答案，我又爱读书，所以没必要听一个老师照本宣科去讲我已经知道的东西。但去了之后，我才发现，我的理解错了，我又对学习有了新的认知。

第一堂课，老师讲的是心理学，这两天课程的内容主题是怎么提高心理的复苏力，因为在职场里，一个人如果没有很强的复苏力，多半会被快节奏的商业世界打垮，以致体无完肤。两天的时间过得很快，没有无聊到让我想逃课。老师上课时推荐了一个书单，看到书单的刹那，我震惊了，因为书单里的十多本书，我都读过，不仅读过，而且为了在读书会分享书，很多本我还读过好几遍，甚至到了滚瓜烂熟的地步。

但接下来一个问题忽然浮现在我的脑海中：为什么老师讲的这些东西，每个片段我都能知道其出处甚至明白最后的结论，但当它们被贯串在一起，我总觉得这些是新的知识呢？

后来我明白了，这就是上课的意义：光是读书或者在网上看短视频，其结果是知晓的只是信息，并不是知识。碎片化的信息知道一大堆，但把这一切连接在一起的钩子却找不到。所以，当人只知道碎片化的知识，那不叫知识，那只是信息；信息内化了，变成自己的了，才叫知识；当人可以把知识连接在一起，那种东西就不叫知识了，叫智慧。

我想这也就是学习的意义，学习除了读书，还要有高人帮你把你的知识贯串在一起，这就是为什么学生要进课堂。其实读大学很大程度就是去读大师，看短视频给你信息，读书给你知识，但读大师给你智慧。

这也给了我巨大的启发，于是不久之后，我创办了飞驰学院，请了更多大师致力于教育领域。我也会给大家开一些课，这些课不会提供碎片化的知识，更可能会是一个立体、系统的线路，这些线路最终会变得像参天大树一样，这才是每个当代年轻人更需要的智慧。

2.

关于智慧，除了有一个优秀的老师能给你做系统性的连接，你还有一个办法自己做到，那就是主动去思考。要知道，并不是每个人都有这么好的资源，可以接触到十分优秀的老师，于是，主动思考，主动连接相关知识，就显得十分重要了。

我之前学英语的时候，尤其是在背单词时，总是会在背诵新单词时联想到之前背诵过的相同意思的单词，然后把类似的词组合在一起，或者连在一起造句。

比如你背诵 abandon（放弃）的时候，会不会同时想到 drop、give up、give in 等一系列类似的单词或短语，如果会，恭喜你，这就是主动思考寻求连接的学习方式。

同样，你在学习到新知识时，会不会联想到之前看到过的老知识。比如我们阅读《百年孤独》这本书时，你会不会想起马尔克斯晚年的那本《霍乱时期的爱情》，会不会就此提出一个问题：这么多年过去了，马尔克斯对世间万物又有了什么新的思考？

但凡知识间有联系，这个内容就会被大脑记忆得更清楚，理解也会更顺。但凡知识间有联系，学科间的界限就被打破了，你脑中的世界也会更加复杂，但复杂中逐渐透着清晰。

文艺复兴时期，文化思潮之所以能演变成一场运动，那是因为众多艺术家、科学家、老师都会集到了那个地方，而那是一个哲学和文学碰撞的时代，是科学和宗教引起重大争论的时代，所以才有那么多创新闪现，那么多思想融合在一起。

这种发散性的、连接性的思维在记忆、创作、背诵的过程中都非常重要。这种思维，不会天然获得，一定要学习主动去思考才能获得，因为被动接受知识没用，讲完了可能就忘记了。神经元和神经元之间的连接,也是通过这种主动思考的方式才能形成新的闭环,从而形成新的思维。

在信息碎片化的时代,可能知识的数量、质量都不那么重要了,而知识的连接才是最重要的。

你知道的,别人可能都知道,但你拥有的智慧,别人不会拥有。再换句话说,很少的单词也可以组很漂亮的句子。很少的知识,也能形成更新更坚定的世界观。信息化时代,信息不求多,要求精。要让自己知道的东西变成智慧,这才是新时代最重要的学习方式。

3.

另一件让我受到触动的事情跟我的同学们有关。读商学院之所以会有更大的收获,是因为除了读老师,还能读同学,每一个同学似乎都是一本书。坦白说,读得起长江商学院的人,好多都已经财务自由了。其中有些是富二代,有些是企业高管,有些是企业创始人。

第一天上课,我背了个大包,我身边的同学问我:"同学,您是学IT的吗?"我愣住了,问:"为什么?"她说:"只有学IT的才会成天背一个这么大的包。"

我笑了笑说:"不是的,我是写小说的。"她愣住了,有些尴尬,显然,她不太理解我们这个行业,于是她笑了笑说:"哦,这样啊!"

我一看尴尬了,于是赶紧打圆场,我问她:"你是做什么的?"

她说:"我是做医疗器械的。"

这回换我尴尬了，我笑了笑说："哦，这样啊。"

但在当天晚上，我咨询了她很多关于医疗器械的问题，搞明白了好多我外行的理解是否正确，更重要的是，我更了解了她的圈子是什么样的，这也丰富了我写作的素材。

能来读 MBA 的，都是家庭条件不错，或者此时此刻家庭条件不错的人。这里的同学有些是富二代，有些是靠自己打拼出来的。同学们出身不同，但此时都在路上，都在学习，向老师、向同学学习。

这么一群人，现在还坐在教室里，不迟到，听老师讲课，我认为很不容易。我身边有一位富二代大哥，头发都没了，他笑嘻嘻地用方言说："活到老学到老。"

有些人说"越努力越优秀"，但比这六个字更可怕的是另外六个字：越优秀越努力。比你优秀的人，比你还努力，你说你怎么赶得上别人。

班上有些继承家族产业的人，出生时就含着金汤匙，但他们还在不断地学习，甚至终身在学习。难怪这类人一旦起飞，人们连影子都看不到。

但我更感兴趣的是另外一群人。他们不是什么富二代，他们靠自己的努力从农村、小镇一步步走到了大城市。他们也为自己的企业拼命奋斗过，在大城市里摸爬滚打泪流满面，然后有了自己的公司。直到今天，他们已经经济独立，也能养活自己和家人，跟这些富二代身处同一个圈子。

这就是我另一个思考：

我们选择不了最初的出身，但我们可以有第二次选择。在第二次选择的路上，无论成功与否，至少要做到不后悔。

　　无论如何，请记住要终身学习，就算离开校园，也不要否认学习的力量。

　　我们永远赚不到超过我们认知的钱，凭运气赚的钱，一定会凭本事被收割。这世界"收割"你的方式太多了，无论缴多少税，缴得最多的，就是智商税。

　　我们改变生活的唯一方式就是这个：终身学习，获得信息，获取知识，多加思考，再将其转变成智慧。在这个时代，除了终身学习、勇往直前，我们别无选择。

你正在逐渐变好的几个迹象

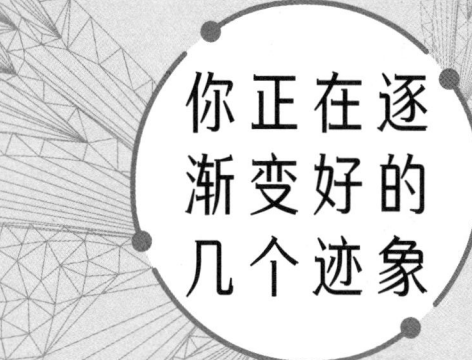

让自己变得更好，对得起流逝的时光。让自己变得更好，配得上更好的圈子。去见不一样的世界，去找更好的自己。

口袋里
逐渐有存款了

01

如果你读过《财务自由之路》，你一定知道，让自己幸福的第一条，就是存钱。

中国的老人很喜欢存钱，但到我们这一代，不知怎么了，一个个都成了"负翁"。借贷，透支未来，然后用现在的努力，去偿还过去的消费。这不是一个好习惯，存钱才是。把每个月百分之十的钱存下来，放在银行做理财或者存在银行账户里不动，忘掉这笔钱，一年后，这会是一笔不小的存款。这也能为你找下一份工作、跳槽或创业保驾护航。

好的存钱习惯，会给你带来安全感，同时也能让你在"买买买"的世界里拥有更多的主动权。如果你毕业几年了，还没有存款，请一定要注意，但也别担心，从现在开始，加油存钱。

正常的职场逻辑就是先给人打工，提高个人的能力，等有了一定的资本，再做自己想做的事情。所以，当你发现卡里的余额开始逐渐变多，恭喜你，你的生活正在逐渐变好。

能主动早起、
早睡了

02

这一条的关键在"主动"两个字。我的一个心理医生朋友曾经告诉我，治疗抑郁症最好的方法就是先让这个病人有一点儿掌控感，很快这个病人就能好起来。

我问什么是掌控感，他说，就是能掌控自己的生活。比如，从主动早睡早起开始，从主动锻炼、读书开始，这里的主动就是掌控感。其实早睡早起也并不牛，牛的是数十年如一日主动地早睡早起。换句话说，你不是被工作和老板叫醒，也不是被经济压力喊起，是你自己想要早睡早起，是你自己想用早上的时间做点儿事情。当然，你要是数十年如一日主动地晚睡晚起，也挺牛。

只要生活规律，主动支配，心情愉快，都是变好的迹象。

开始接纳自己的
不完美了

03
▶▶

其实每个人都有缺点，但牛人会更多地聚焦于自己的优势，策略性地忽视自己的缺点。这并不代表他不知道自己的缺点，而是这样做有两个好处：

第一，人可以更加自信；

第二，可以把更多的精力用在发挥自己的强项上，把事情做好。

其实越长大，人越不容易接纳自己的不完美，比如抱怨原生家庭，把压力传递给孩子，把坏情绪带入工作中，只有当一个人开始接受自己不完美时，他才会朝着完美的方向迈进。

二十多岁时，人要去接受自己的不完美；三十多岁时，要去接受父母的不完美；四十多岁时，要去接受孩子的不完美。不完美也是一种美。泰勒·本-沙哈尔写过一本书叫《幸福超越完美》，书里说，完美主义的三个真实面目是：

一、恐惧失败，容易陷入焦虑旋涡；

二、要么全有，要么全无，过于极端；

三、只关注结果，忽视过程，容易设定不切实际的目标，无法享受当下的快乐。

打败完美主义追求幸福的方式就是接受自己的不完美，以下三点很重要：

一、接受失败；

二、悦纳情绪；

三、心存感恩。

主动跟一些
负能量十足的朋友
绝交

04
▶▶

你越长大，越容易看到，那些负能量十足的人其实就潜藏在你的身边。这些人可能就是平时你特别亲近的朋友和亲戚，但请记住：随着你开始飞速成长，你就会发现自己跟过去的环境越来越格格不入，跟过去那些很亲的人一下子就疏远了。

我的一个明星朋友，原来是个素人，他说，有段时间他特别不能接受的，就是过去的很多朋友开始找他借钱，他不借还开口骂他，说："你装什么啊？"

我说："那你怎么处理的？"

他说："勇往直前吧，有时候你不用主动跟那些朋友绝交，那些人会主动跟你绝交的。绝交就绝交吧，没什么了不起，你只需要勇往直前。在路上，勇者自然会相随。"

开始有规律地读书和运动

05

读书跟运动真的可以让一个人迅速开心起来，除了能分泌多巴胺和满足求知欲，更重要的是，你开始逐渐意识到生活的快乐其实不仅仅局限于你之前那个小圈子里的点滴。

　　一个整天躺着的人，是不会知道在跑步机上的那种快乐的，同理，那些不爱读书的人，也永远不会懂那些大脑里装满知识的人，不会知道他们看见的世界会是怎样的。不同的角度有不同的乐趣，躺着虽然有乐趣，但不长久。

开始有规律地
输出、表达

06

我说过很多次：这个世界被牢牢地掌握在输出者的手中。所以，请你有规律地表达和输出，因为你要是不去表达、输出，这个世界就会落到那些坏人手中，坏人比你话多，比你还努力。

为了不让坏人掌握话语权，请你开始有规律地表达、输出，比如注册一个微信公众号，注册一个抖音号，学习一下剪辑、配乐，力所能及地写一点儿内容。一开始可能没什么人看，但写得越来越好越来越多之后，就会有更多的人看了。

吃好每一顿饭

07

一个人正在变得积极起来,最基础的标志是什么呢?答案就是吃好每一顿饭。这代表着,你开始减少在外面就餐的次数了,你可以主动选择一些食材,挑选一些配料,在网上找一个教程学习,尽量保证一日三餐,可以让自己的饮食里少一些糖,少一些主食,多一些高蛋白的食物和蔬菜,使用健康的油。外卖吃久了,最大的问题就在于人会迅速发胖,精神状态也会越来越糟糕。

身体是灵魂的载体,身体完了,一切都完了。注意主旨,这一条里,还是主动,主动是良好生活的助推器。

逐渐开始感恩
这个世界

08

我有个朋友，每天在朋友圈打卡，写感恩日记，今天感谢爸爸，明天感谢太太，后天感谢孩子……我一度以为他进了邪教。后来才知道，许多感谢如果不说出来、写出来，这些值得感恩的事就容易被当作没有发生过，人们会觉得理所当然。

我们对这个世界的许多伟大发现和发明都特别漠然。总觉得一切是理所当然的人，会变得特别无情无义，很难在生活中一直保持敏锐。

后来我向他学习，开始对很多人和事表达感恩，我发现一旦说出口，我就会觉得这个世界充满温暖。虽然一开始我对我爸说"老爸感谢你"，他有点儿蒙，但久而久之，他也就习惯了，甚至还学习我说："感谢你儿子。"

如果一个人深知感恩，自己活着的每一天的状态就有很大的改变。更重要的是，其实更受益的，不是那个被感恩的人，而是自己。有研究表明，一个懂得感恩的人，自己的幸福感比被感恩的人还要高。甚至在正念冥想中，感恩自己的身体部位，也会让自己获得长久的快乐。

明白了独处的意义

09

人终将是孤独的,但每种孤独,都有自己的意义。

孤独时是最好的升值期,孤独时也是最容易听到内心声音的机会,但大多数人,宁愿跟一群人天天混在一起,也不愿追问内心的那个灵魂拷问:你这辈子想要做什么?你活在世界上的意义是什么?

可是,人不可能做到一辈子朋友相随、热热闹闹。人到最后都只是一个人,所以,高手有个特点,即他们习惯独处,喜欢独处,并能在独处中找到更好的自己。如果问我独处有什么意义,我想,独处是一种跟自己的对话,是一种在浮世中呼唤灵魂最好的方式。

懂得了放下，
放下执念

10

最后一条最重要，因为几乎所有的痛苦，都来源于对某事或某人的执念。执念和坚持不一样，坚持是知道这事能成，执念是你明知道这事不能成。

放下执念，就是成长的第一步，随着你开始放下那个你深爱但又不合适的人，放下那段你一次又一次反刍却又无法改变的经历，放下那些你痛恨却忘不掉的事情……恭喜你，你走出来了，你自己正在逐渐变好。

Part 3

此时此刻，
永远是你最年轻的时刻

不是每件事，
都还有机会的

1.

吴孟达最后一次欺骗了我们。

一次节目里，主持人问吴孟达："你还会和周星驰合作吗？"

说真的，这个问题很水，因为两个演员是否可以在一起合作，不是两个演员自己说了算的，背后有资本、制片团队、导演喜好、演员选择、剧本内容等一系列不可控的因素。

但吴孟达的回答很好："我还没死，他还没退休，还有机会的。"

台下响起了掌声，仿佛马上就能看到他们合作的另一部作品，这给人期待的回答，让人遐想：这样的机会，会在什么时候呢？

可是，就在我写这段话前的几分钟，吴孟达先生走了，终年七十岁。

随后，周星驰发文悼念。人们在社交平台留言悼念吴孟达，表达他们的悲伤情绪，让社交平台一度沸腾。

因为，吴孟达口中的机会，变成了不切实际，永不相会。

朋友圈里流传着一张他和周星驰拍过的电影的截图，两个人握手，台词大意是：那我先走了，以后有机会再合作吧，好了，就这样决定了。

可是，谁也没等到这次合作，又一个陪我们长大的明星，离开了我们。

儿时偶像的逝去，总能让我们感受到时光的流逝、自己的长大、父母的变老，还有生命长河的不可回头。

还记得小的时候，电视屏幕上吴孟达领着两个小孩蹦蹦跳跳，周星驰和吴孟达在电影里做着无厘头的表演，那粤语原声和配音的两种风格还让人回味无穷……长大后，也只有在喝了几杯酒后，我才恍如隔世地感到，这件事情竟然发生在十多年前。

那时，我们"90后"才十多岁，还都是青葱少年，而现在，一些人已经结了婚，一些人已经有了孩子，大多数人背负着房贷和房租的压力，无论身处哪个阶层，没有一个人不焦虑。

有时候大家总是遥想着未来，觉得自己还有好多明天，什么事情能拖则拖。但只有当身边的人离开的时候，人们才忽然意识到：原来，死是我们最终的归宿。

原来，不是每件事，都还有机会的。

2.

我们终于也到了一个偶像陆续离开我们的年纪，从 2020 年初科比的离开,到吴孟达先生的离世,我们不得不承认,许多到了一定年岁的人,真正能做的事情并不多了。比如我们的父母。

我曾经写过,三十岁,一切刚刚开始。可是,三十岁的人父母普遍都已经接近吴孟达先生那个年纪。而父母到了六十岁左右,多少会有一些疾病,许多是大病,其中不少是致命的,比如癌症。他们真的还有那么多机会吗?

很多时候,我们都告诉自己以后有机会,是因为我们首先相信有"以后"。可是,随着年岁的增加,我们这经历多少风霜的身体忽然抱恙,忽然罢工,这灵魂的载体突然开始摇摇欲坠,我们还怎么去谈论机会。

我们真的没有太多时间可以孝敬父母,给父母更好的生活,让他们看到更不一样的世界。

其实,我们也一样,我们以为我们有很多年可以做很多事情,其实并不是,我们没有那么长的时间,更没有那么多"机会"去亡羊补牢、不留遗憾。

我的一个朋友,今年二十九岁,是人们口中"别人家的孩子",从小就读于人大附中,顺利考入清华,毕业后去美国读研究生,研究生毕业后进投行,年薪百万,唯一不足的,就是至今还是单身。

她之所以单身,是因为她一直在挑剔,一直在尝试与各种类型的男生交往,直到感到了即将三十岁的焦虑。

她想在三十岁前把自己嫁出去,于是,她一边相亲,一边寻找,想要在一年内遇到那个如意郎君。她给自己列了个表,熟记于心,只要别人跟列表上的内容不符,她就坚决拒绝。

直到有一天，她遇到了一个她喜欢的，那人什么都好，就是有一条不符合：身高。

她不能忍受男生身高比自己矮。那天晚上约会，男生也表达了爱意，但朋友还是固执地摇摇头。在家进行了好长时间的心理斗争，又陆续见了几个男生后，她还是决定回头找他。此时，男生已经跟别人订婚了。最让她心碎的是，就在那一瞬间，她才意识到自己是爱这个男生的。

她哭着跟我讲这个烂俗的故事，我就这么看着她，觉得难以理解，觉得她"作"的同时，想起一句话：谁也不会真正等谁，因为到了年纪，谁都等不起。

后来我是这么安慰她的，我问她："你学到什么没有？"

她抬起头，不知道说什么。

我说："别觉得自己还有很多时间和选择，首先，婚姻上，你的机会已经不多了；其次，我们每个人的机会都不多了。"

我也不知道她懂没懂，但的确，越长大，人的机会就越少。年轻时你总觉得路有万条，全世界都是你的，可越长大越会明白，自己只是个普通人，哪有那么多路，走得最多的，就是时代给你设的套路。直到你老了，没有多少岁月了，直到你发现，生命的本质就是"白茫茫大地真干净"，你不会再有任何机会了。

我曾经跟我的学生说，二十多岁的时候，一定要多试错，因为人的年纪越大，试错的成本会越来越高。但可惜的是，太多年轻的同学都在故意拖延时间，安慰自己："着什么急，我这么年轻，我还有机会。"

当你知道一切都会逝去这件事是确定无疑的，那么，在你想念一个人的时候，在你想做点儿什么的时候，在你想去某个地方的时候，要不要现在就启程呢？

当你不知道彼岸有什么时，你会不会现在就尝试一下呢？

3.

我们的确不能不考虑以后，毕竟大多数人，还要活好久。生命倒也没有我们想象的那么脆弱，只要控制风险，我们多半还是可以延缓死亡的。

于是人们学会了投资，学会了考虑以后，学会了延迟满足。但这些陪着我们长大的人，总在走的时候，不经意地提醒着我们有两条亘古不变的真理我们极容易忘记：第一，人总是会死的；第二，你永远不知道那会是哪一天。

理性告诉我，没必要感到太悲哀，因为我们作为新时代的年轻人，还要活很长时间；但悲伤提醒着我，就算你能活到正常离世，还是有很多事情，会变成吴孟达先生口中的"机会"，再也兑现不了。

所以，我的策略以后会变得更快，如果可能，我想一天能多见几个人就多见几个人，一天能多做几件事就多做几件事。

重要的是，做喜欢的事情，和爱的人在一起，按照自己的节奏生活。

这也是我想对你们说的。

记住，时光不等人，你也别再等待时光。

因为，你就在时光里，有时快，有时慢。

别留有后悔就好。

别辜负时光

1.

这一年总算进入了尾声,交接完工作后,我终于踏上了回武汉的路程。

此时此刻,我在机场,安静地戴上耳机,听着音乐,迎接新年。我打开手机里的照片,看看这一年我做了什么,说真的,这一年我赚了一些钱,做了不少事,但不知为何,我在电脑上写下了这样一句话:我们正在辜负时光。

在北京、上海、广州、深圳这些大城市,听得最多的一个词就是:搞钱。

为了搞钱,可以无所不能,可以废寝忘食。搞钱让人幸福,但我总觉得缺点儿什么。

这次过年,因为疫情,我本来想留在北京过年,好在,我在一瞬间决定不辜负时光,买一张机票,飞回家,听听家乡的声音。

2021年,机场格外冷清,感觉不到过年的气息,只有一些人,戴着口罩，步履匆匆地走向登机口。商店里看不见太多的人，只有售货员在悠闲地看着手机，在我路过的时候，他们才无精打采地抬起头。

所以，今年的经济形势会更好吗？今年的趋势会是什么？今年公司的业绩会怎么样？今年的风口是什么？如果我此时此刻还在想这些，我就正在辜负时光。因为每年年初，人们都会一边看着股票，一边问自己这些问题，却很少有人问：这一年我会开心吗？这一年家人会幸福吗？这一年我会更有爱吗？这一年我会走到哪儿去？

过完年，我就要三十一岁了，这些年，我看着身边许多人堕落，许多人疯了，许多人的生活一步步走到了极端。虽然是自己的选择，但终究是自己种下了因，才有了之后的果，怪不得谁。

身边的人纷纷投身商业浪潮，每天都有聚会，每天身边迎来送往数不清的人，微信里五千好友早就加满。然而，不知道从什么时候开始，我们发现身边能真心聊上两句的朋友越来越少，表面一帮人凑在一起喝酒唱歌不尽兴不散场，实则内心是无尽的孤独。大家张口闭口都是基金、股票、几千万，聊来聊去都是搞钱、融资、2024上市……

我没有评判别人，因为我也慢慢地在这样的环境里，丢掉了原来的自己，或者乐观地说，在这样的环境里，慢慢发现了自己的改变，我开始拥抱商业，即使我知道，自己并不喜欢。

每次看到一群人在聚会中光鲜靓丽的样子，我总想抓紧时间把自己灌醉，省得听着烦。

在经济飞速发展的日子里，人们离钱越来越近，心和心却离得越来越远。看到基金跌了，痛不欲生；看见人性堕落了，却装作没看见。不过，这有什么错呢？人来到世上，无非为了碎银几两。这么活着有什么错呢？可是，只是为了赚钱，那叫活着吗？

年前的日子里，我没有一天在休息，无论头一天晚上喝了多少酒，第二天我一定早起打开电脑写稿。我被商业大潮推着走，没有一天属于自己的生活。

直到有一天，立冬来到了我家，他什么也没说，就陪我吃了顿饭，喝了两杯酒，然后拿起吉他，唱起了歌。我在他身边，拿起了尤克里里，弹奏起年轻时我们熟悉的歌谣。

那一晚，我们什么也没说，就把自己放空在时空和青春里，尽情翱翔。在音乐里，我一边流着眼泪，一边任旋律把我拉回到那些年少的时光中。

我想着这十多年我们成长的脚步，忽然明白了，那一晚，我没有辜负时光。

因为所谓不辜负时光，从来不是赚了多少钱、赢得了多少名声，而是内心深处有安宁和感动。这些安宁和感动，久违了。

2.

我已经很久没有回我的家乡武汉了，自从开始北漂，每次回家都是借着签售顺便来看看父母。很多时候，我都会觉得北京才是我的家。

在父亲检查出患有癌症时，我也没有第一时间赶回来，而是一边工作，一边打电话找身边的朋友帮忙。

终于我还是决定回家过年，放下手中的工作，回武汉。回家后，老爸像往常一样，开着车来机场接我了。虽然每次他都说不用回来，自己在外照顾好自己就行，可当我回到武汉时，他还是会露出开心的微笑，会很早开车到机场等候，看见我后，他会拼命地招手。

前段时间，我写了篇关于父亲的文章，好多读者都留言鼓励我父亲，我把每条温暖的留言都转发给了父亲，父亲都有看到，还留了句话，说他会加油，也请我加油。

好消息是，父亲正在努力接受治疗，我也看到他在变好。

我曾跟父亲说："我一定努力赚钱，努力工作，爸爸你一定要扛住，享受到儿子的努力给你带来的福气。"

父亲的两个哥哥都是因为癌症离世的，爷爷奶奶也在这些年先后离开了我们。想起爷爷去世前，每次过年，都是一大家子人，大家围坐在餐桌前，你一言我一语，你一杯我一口。爷爷去世后，再也没有了过年的味道。那样的日子，再也回不去了。

大家都在赚钱的路上奔波。用许多人的话说，只要还在赚钱，就没有辜负时光。

这些年有过几次家庭聚会，但是好像只有生和死，才能让家人重新聚在一起。

在北京，漂泊这么多年，总觉得忠孝不太能两全，正如你陪在父母身边，就没办法拥抱商业大潮；陪在父母身边，就不能有现在的自己。但看这些北漂的人,又有谁是可以兼顾的呢?

写这篇文章的时候,我看见前方有一个中年男人,正一遍遍在淘宝上搜索着乐高玩具,可能只有过年这几天,他才有机会给孩子买一件礼物。

我摸了摸背包里给父亲带的礼物,沉甸甸的,就像爱一样,也不知道是不是。

但我知道,一个人不管拥有多少物质财富,都不代表他会拥有同等的爱。见到父亲后,我坐上副驾驶的位子,一路上无须多言,我就能感受到强烈的爱,原来,陪伴才是最好的爱。

所谓不辜负时光,不是去拥有用不尽的物质财富,而是简简单单地去陪伴。

3.

我开着父亲的车,去了我的中学。

在进入校园的时候,我看见一对情侣手牵手坐在长椅上,他们隔着口罩蹭着彼此的脸,我看见一群男生戴着口罩在篮球场上飞奔,他们有时会拉下口罩喘口粗气,有时候干脆摘掉了口罩。

疫情改变了很多东西,人们戴上了口罩,但有些东西是不变的,比如那些最质朴的美好。

我想起我的青春,那是一段可以肆无忌惮爱上一个人,哪怕没有结果的岁月；那是一段可以随时跃向空中扣篮，不管会不会受伤的时光；那是一段可以随时畅快呼吸，哪怕忘掉春夏秋冬的日子。

那些日子，一去不复返了，那段日子，跟赚钱无关，但好在我没有辜负时光。

前段时间，朋友拉我打篮球，一场球下来，他开玩笑说，现在打球，都是用嘴巴防守，大喊一声，仿佛就能盖掉对方，打球时也生怕受伤，怕影响第二天的工作。

接着，我俩坐在朝阳公园的椅子上，他递给我一瓶水，说："你知道吗？上周我去相亲，女方递给我一个表格，说：'麻烦你把符合的条件打个钩。'我有些蒙，打完钩后，她礼貌地说了句'谢谢，再见'，就转身离开了。"

在我的爆笑声中，我们插着兜绕了公园一圈。

在路上，我对他说，其实那女生做得也没错，到了这个年纪，见了那么多人，哪有那么多时间去浪费，就跟我们打球一样，也会计算受伤后的得失。我们都没错，只不过我们开始计算了。

他问我，成人的世界就只剩计算了吗？

我说，计算没错，只要别算计，只要不计较，就是没有辜负时光。

其实，我们都在长大，到了三十岁后，我们都在变得坚强，变得商业味十足，变得更在乎赚钱，变成了大人，变得更有责任。

总而言之，一切都在变好，唯独变得喜欢计算不太好。人一旦开始计算，就成了大人。

变成大人不代表变坏了，大人也可以成为小王子，也可以成为老男孩。

但请记住，别变坏，别变得锱铢必较，别变得斤斤计较，这样就很好。

那么，什么才是不辜负时光？我想，无论你在做什么，赚了多少钱，拥有了多么棒的事业，年纪几何，走了多远，去过多少地方，只要你还珍惜眼前的人，珍惜每一天的呼吸，享受每一个陪伴父母的日子，承担自己的责任，相信那些别人嗤之以鼻但你敝帚自珍的美好，保持真诚、自信、积极、坚持和爱，你就没有辜负时光。

愿你一直美好如初，无论在哪儿。

被回忆控制的人

1.

假期回到家，我陪老妈逛街，看到一旁的热干面馆，我鬼使神差地钻了进去。一口芝麻酱下去，气血通畅，神清气爽。到武汉几个小时了，我这才确定，自己回到了家乡。原来所谓美食，吃的都是回忆，想到的都是家乡。那充满回忆的过去，一下子来到我的身旁。

吃完面，我陪着妈妈走到意大利风情街，刚走出那条街，妈妈就指了指不远处的餐厅，说："儿子你等等，妈妈去买个馕。"说完，妈妈拽着我，走进了那家新疆餐厅。几个服务员迎着我们进去，妈妈对一个服务员说："三个馕，要热的。"我忽然记起，妈妈说在她出生的地方，小时候她总挨饿，唯一的期待就是吃上一个馕。几分钟后，我看见她捧着那几个热乎乎的馕，忽然明白了，那也是一种乡愁，只是她再也回不去了。妈妈出生在伊犁，在伊犁当了兵，后来为了让我和姐姐方便受教育，和父亲一起回到了武汉。

这一回，就是她和父母的永别，姥姥姥爷在我不到十岁的时候都去世了。妈妈也总在走在路上的时候，说到离开的姥姥爷爷，她用一种调侃的语气说："他们当时挨饿的时候啥都吃。"

但我知道，她的确是想家了，只是没有被回忆逼到痛苦不堪。每次走在路上的时候，妈妈的眼睛里没有热干面和豆皮，只有新疆菜和羊肉串，有时候口水流下来了，也是因为闻到了馕和烤包子的味道，那些味道，就是人的回忆。虽然回不到那些回忆里，但想到它们，也会有满满的温暖。所以所谓美食，吃的都是回忆，忘不掉的都是家乡。

我想起第一次离家的情形。那时我只身一人来到北京，走在高楼林立的中关村大街，我刚找到第一份工作——去新东方当老师。那时每日奔波，让我来不及回忆。

不知不觉，忽然饿了，我就走到满是小馆子的街道，定睛一看，一家餐厅门口写着"武汉久久鸭"。我愣住了，因为我在武汉这么多年，都没听说有什么久久鸭，难道不应该是周黑鸭吗？于是我走了进去，要了半只鸭子，走前我问服务员，他们老板是哪里人，服务员说，重庆人。我愣在那里，然后继续问，武汉哪里有久久鸭？就如你们猜到的那样，没有人理我，我提溜着半只鸭子走到公交站。等车的时候，我蹲在车站，拿出了那半只无辜的鸭子，一边吃，一边就哭了起来。

那一刻，我确定我想家了。

我拿起电话准备打给父母，可是拿起电话，说的第一句话却是："爸，我找到工作了。"

2.

我曾遇到过一个大老板，现在身家已经破亿，每次跟他吃晚餐总有个规律：第一场特别豪华，有山珍海味，有茅台普洱，第一场只要人多，他一定一本正经，讲话时彬彬有礼。有趣的往往是第二场，只要我能陪他到足够晚，他一定会带我去吃肯德基或麦当劳，然后点上超级不健康的巨无霸汉堡或者麦辣鸡腿堡，有时候还会点上一大桶鸡翅配上一大瓶可乐，然后自豪地一边啃一边说："这他×的才是生活。"

我知道，他应该是怀念刚开始创业的日子了。他跟我说过，那段日子，他每天都闷头在办公室忙碌，甚至没有时间吃饭，经常是拿着个汉堡往嘴巴里塞，一顿快餐就能对付一天。我也经常陪他吃点儿垃圾食品，因为我也时常会在饿了的时候，第一反应是想吃泡面、肯德基或麦当劳，虽然每次吃完后一上秤就后悔到不行。可能这就是人生：你的胃，决定了你曾经的地位；你喜欢的食物，就体现了你曾经的模样。你怀念的，总会在一瞬间，把你打倒。

但是，切记，不要让你怀念的打垮你，我的脑子里忽然想起了一个人，那人是我多年的好朋友，一位善良美丽的姑娘，可惜的是，她的感情道路一直不顺，每次恋爱要么草草了结，要么让她痛不欲生。

一个下午我帮她复盘，我惊奇地发现，她所有的男朋友都有一个共同点：都是天蝎座。你们多读我的书，会知道我对星座无感，也知道所谓星座，只是一种陌生人之间破冰的快捷方式，这背后没有科学依据也没有理论支持，但她是怎么做到连续谈的四个男朋友都是天蝎座的呢？这只是巧合吗？

越挖越深后，我逐渐开始意识到生命在跟我们开玩笑。我试着帮她复盘，然后发现，她每次遇到一个新的男生，当对方介绍自己的工作、性格和家庭时，她几乎都无感，但只要对方说了自己是天蝎座，她在潜意识里就迅速回忆起过去未完成的爱情和已经弥补不了的遗憾。那些回忆莫名其妙地在她心里给对方加分，直到她说服自己，上个男生不是，那么，这个男生就是自己的真命天子。可是，当进入了这段感情后她才发现，这一切跟她想的都不一样，当理性占据了优势后，情感就到了草草收场的地步。要么留下新的遗憾，要么留下新的伤痛。总之，她没有做太多的改变和反思，于是继续对天蝎座又爱又恨，继续期待着下一段感情。也许下一个出现的还是天蝎座。

带着前任的阴影去跟现任恋爱，带着前一段感情的遗憾去接触现任，用回忆笼罩着现在，现在看来，这不仅是对现任的不负责，也是对自己的不负责。可是，这种情况只会出现在爱情中吗？生活里这样的事情不也很多吗？

带着过去的失败过今天，带着过去的痛恨看明天，带着过去的滋味走向未来，这样做是否也是对今天和明天的不负责呢？

3.

请原谅我从食物写到了爱情然后又写到了生活，但是，这背后的道理是一样的,这是我最近的收获。人可以在回忆中略显矫情,但那些被回忆淹没的人,都走不远。

我曾经读过一本书,名字起得像"鸡汤",但内容极有启发性,叫《重来也不会好过现在:成年人的哲学指南》,作者是美国当代哲学家基兰·塞蒂亚。书里说,中年危机有四个典型场景:第一,因为不再有年轻时的那么多机会而遗憾;第二,因为做错了某个重要的选择而悔恨;第三,因为死亡即将到来而恐惧;第四,因为工作和生活没有意义而空虚。各位是否发现了,第一条,其实就是不停地陷入回忆中,不停地陷入后悔里。因为难以向前,所以每一次前行都带着悲观,因为抛不开过去的阴影,所以举步维艰,但我们忽视了,那种沉重的回忆,本身就是中年危机的征兆。

我也是一个爱忆苦思甜的人,尤其是到了三十多岁的时候,我总喜欢把过去的遗憾一遍遍反刍,继而喝两杯后告诉自己:哎,当年这么选择就好了。可是,我很快就打消了那种后悔的无力感,因为我知道,无论我怎么回忆,结果都不会改变,过去也不会成为现在,现在的就是最好的。

即使现在还有些不理想,这不才刚刚开始吗?所以,我在三十岁的时候,写了《三十岁,一切刚刚开始》。我看见网上很多人说我这本书是"鸡汤",我不同意,因为我真的相信它,所以三十岁的时候,我再次创业了,创立了飞驰学院,带着一群小伙伴,每天跟打了鸡血一样地上班、加班。

我开玩笑地对我的小伙伴们说,我感觉自己重生了,每天叫醒我的,不是闹铃而是梦想,而我终于又年轻了好多,找回了曾经追梦时的感觉。其实，我可以理解，如果我没有选择继续开始，我的梦想或许会被死死地按在地上。我的回忆就会蔓延，然后我只能一遍遍反刍我过去那些事，然后颓废在怀念的海洋里。我可能会天天没事就在北京的街头蓬头垢面地找热干面豆皮吃，我可能没事就干出点儿出格的事情来找存在感，然后安慰自己青春已过，又或者我可能就躺在我那几本畅销书上吃老本。

可是，幸运的是，在某一个晚上，我忽然决定继续创业，我甚至去读了商学院，认识了一群我之前不认识的小伙伴，搭建了自己的团队，扬帆起航。

说真的，我还是喜欢吃热干面，我还是会在某一个瞬间，忽然感受到乡愁和温暖，但我没有让这种情绪拖住我，因为我的目标是星辰大海。愿你们也是。

写给父亲的信

1.

想了几天要不要动笔，纠结许久，最终还是坐在电脑旁，一个字一个字写了起来。

这些天，我的情绪跌到了谷底，走不出来，某个夜晚走在路上时，我的情绪突然崩溃了。我发了条朋友圈，我说："感觉这世界的担子都在我身上，加油，超人龙。"

发完没几个小时，我就删除了，因为抱怨一句，并没有解决问题，负面情绪还在。

就在前几天，父亲检查出患有膀胱癌，也是在一个夜晚，我忽然接到了姐姐的电话。

一开始我没有反应过来，只是觉得问题应该不大，父亲从小锻炼身体，当兵二十多年，底子好。那时，正是姐姐二胎预产的日子，全家人都沉浸在喜悦中，而我还在截稿日期前苦苦赶稿。一家人分散在全国各地，各有各的难处，谁也帮不了谁。

老妈心疼我，那段日子一直陪在我身边，有时候给我端杯水，有时还能帮我做顿饭。

那天，我在一场聚会里喝得有点儿多，接到电话时姐姐只说了一句话："爸爸得的是癌症。"

很快，我的酒醒了，感觉脑子里一片空白，聚会的朋友在离我不远处狂欢，他们说说笑笑，而我已经坐在了楼梯上，不知所措。

我疯了一样地打电话给我身边的朋友，一个接一个，我不知道谁能找到肿瘤医院的医生，不知道哪个医院的医生是最好的，不知道谁能告诉我该怎么办，更不知道怎样才能让这件事倒带，好让这一切仿佛没有发生。

我只知道，一瞬间，我整个人都不好了。

忽然想起一句话：成年人最怕的，就是半夜接到父母的电话。

2.

我时常会在出门前对着镜子看自己，总会自恋地还存有一丝错觉，觉得自己还是个翩翩少年。现在我无可奈何地不得不承认，我已经快三十一岁了。

比我大五分钟的姐姐，已经有了两个孩子，我怎么好意思觉得自己还是个少年。不好意思，我就是这么好意思。这年头，没点儿厚脸皮，都不敢在北上广深生存。

可是，虽然我每天坚持跑步、读书，虽然每次饮食都很克制，虽然一年下来我瘦了好多，虽然自己欺骗自己很容易，但当知道父亲病了后，我还是慌了神。

那一刻，我确定，我已经人到而立之年。小时候父亲照顾我和姐姐的场景，忽然间浮现在我眼前，那时他走路如风，能两只手把我举过肩膀，那时他头发乌黑，眼睛发亮。

这一晃，父亲六十了。

也就在那一天，我决定，一定要把父亲接到北京来，担子也要放在我身上了。

这里，谢谢古典老师、朱睿导演、好兄弟肖央，没有你们，我做不到。

3.

恰巧，前些日子我刚看完了《送你一朵小红花》，我在电影院一边哭，一边庆幸家里没有癌症病人，但很快，这病就找上了门。其实到了我们这个年纪，谁还没有个长辈患大病，可谁都希望，这事不要发生在自己的头上。

古典第一个给我打了电话，他说："我的爷爷也得了膀胱癌，只要好好做灌注治疗，肯定不要命，但一定要记住，你自己和叔叔的心态别崩，千万别崩。"

我听进去了，癌症患者和家属面临的最大困难，不是这个病本身,而是崩塌了的心态。

这些年我发展得还不错,虽然没到大富大贵,但我相信,只要坚持按照这个步伐往前走,我应该不会太差。一心一意奔着前方义无反顾,却忽视了父母的年纪已经开始变大,那一代人的疾病接踵而来,躲也躲不掉。有些疾病,就忽然向你预告:父母的日子开始倒数了。

而我还能走多快呢,能快到来得及让他们享清福吗?这些年我特别爱给父母花钱,只要给他们花钱,我就很高兴,好像只有那样,我才能感到赚钱的意义。

父亲是个老兵,很坚强,我很少见他哭,但在做完手术后,他对医生说:"我不抽烟不喝酒,怎么会突然检查出膀胱有癌细胞?老天爷对我不公平啊!"

我是在陪父亲看完病后,才忽然意识到,基因这东西,在我们出生前就决定了我们的命运。

父亲的两位哥哥——我的两位伯伯,都是因为癌症离世的,这透着宿命的诅咒,是不是有一天会落到我头上?

我从小读希腊神话,读荷马史诗,你们都知道,我不信命,不信有困在宿命里的俄狄浦斯,我信自己,我甚至觉得,如果这一切是命中注定的,我唯一能做的,就是尽人事听天命。人事能尽的有很多,过好每一天,别留任何遗憾。

如果明天就是我的最后一天,我至少能做到微笑着过好今天,不让自己后悔。

4.

这是我三十岁后,第一次开始盘点我的医疗资源,看看自己能找到谁,看看怎么挂号能更快排上队;这是我三十岁后,第一次感受到父母苍老的速度和疾病的恐怖;这是我三十岁后,第一次走在路上情绪就崩溃了。

后来父亲来了北京,我陪父亲去医院,总能看见医院里人满为患。每个人都很着急,每个人都在焦虑,一边扫着健康宝,一边和保安争吵;一边拿着检测报告,一边对医护人员大吼大叫;一些人板着脸,一些人面无表情;一些人怨天尤人,一些人自怨自艾……

只要从医院回来,人就能难过半天。

文学的终极命题探讨的就是生命和死亡,说真的,看了这么多书,我早就知道死亡是人最后的归宿,可是只有当这一切离我很近时,我才发现自己根本承受不了。

此时,我坐在电脑旁,忽然想到了一年前的武汉。也就是在去年的这个时候,我的家乡宣布"封城"。

那些逝去的英雄,很多可能都被忘掉了;那些看不见明天的太阳的人,他们去了何方?

有些人活了一辈子,就像一个小数点,来过这世界,却不留一丝痕迹。而我们作为作家,除了记录生命的点滴,我们笔下是否有更多的可能?

我们能起死回生,写出生命的另一种可能吗?

5.

最终，我们谁也对抗不了熵增，这是我不得不承认的。到头来，这世界总归是《红楼梦》里说的那样：白茫茫大地真干净。

我们想让时间倒回，却忘了往事如烟，如蝉。所有的美好，都会转瞬即逝，留下的，除了梦，最终都会是诀别。

可是，这真的只是宿命吗？

父亲来北京前，我看着他消瘦的脸，想起他年轻时穿着军装的模样，知道他这一辈子没享过什么清福，我的成长速度还是慢了。

我跟妈妈说，现在家里的担子，就交给我吧，让爸爸别工作了，我能扛。

老妈笑着说让我注意身体，说他们没什么渴望和诉求，而我却笑不起来，因为我觉得，我还是成长得太慢了。慢到没让他们在最健康的时候，享受到好的生活。

一天早上，父母还是决定回武汉，父亲说，在这里给我添麻烦，回家他也能照顾好自己。我说，没有，我可以调整好。

尽管我屡次劝说，他们还是执意回武汉，自己买了票。我在楼下叫了辆车，他和妈妈的脸色都很阴沉，走前还吵了一架。我送他们下楼，给他们拥抱，我说："老爸没问题的，你一定要坚持治疗，能过去的。"

老爸也笑嘻嘻地说，加油加油。

我笑嘻嘻地把他们的行李塞上车，露出一个丑爆了的表情，看见车启动,转身我就泪如雨下。

我也不知道自己咋就这么不争气。当厄运来临时,我唯一能做的,就是让自己坚强。

6.

老爸加油,我陪你一起度过无比艰难的2021年。

我也加油,我要把最好的给你。

7.

后来我把这篇文章发到了网上,很多读者给我写了好长的话,鼓励爸爸加油。一位读者说:"看着你长大,看着你到了三十,看着你也到了为人父母的年纪,看着你的父母年纪也大了……重要的是,也看到了你的坚强。"

我把每一条都转发给了我爸,他很感动,那天晚上,他在微信上回复了一条:

"爸爸会加油,也希望你照顾好自己。"

你要相信自己可以被改变

1.

有一天我在电梯里看到一家上市公司的联合创始人,我脱口而出:"刘总,胖了。"

刘总摸了摸脑袋,开玩笑说,胖现在是工伤。

其实,在大城市能让自己瘦下来很不容易,有工作压力,升职加薪压力,生活压力,孩子上学的压力。所以,一不开心,一焦虑,就想吃东西,抓着什么东西都往嘴巴里塞。

于是,这些年有一个词火了,叫"过劳肥"。

因为辛苦,所以长胖;因为劳累,所以不健康。

我也曾经胖得一塌糊涂,但在去年,三个月里,我瘦了二十斤,把肚子上的赘肉全部减了下来。现在我也能穿白衬衫了,虽然还不是很好看,但至少健康了很多,体检的时候,连脂肪肝都没了。

这要感谢一本书,叫《轻断食》。这本书告诉我,人并不是靠饥饿才会瘦下来,相反,你必须学会好好吃每顿饭,而且要学会选择吃什么、不吃什么。这本书很好，建议大家找来看一看，或者听一听飞驰学院的尚龙读书会节目，里面有详细的食谱和科学的饮食方式，这里不展开叙述。

总之一句话：你调整自己的饮食和作息的方式才是减肥的关键。调整好了，你才能更好地减肥，调整不好，就算瘦了你也会很快反弹，还容易把自己吃坏。

英文中有一句话叫"You are what you eat"，意思是，你吃什么就像什么。的确，你吃什么，你就能变成什么样的人，这一点儿也不耸人听闻，因为你肠道里的菌群，会影响你的身体健康状态。

2.

有了书指引方向，接下来就是做点儿什么了。当方向对了，请一定要相信时间的力量，相信坚持的力量。

减肥最痛苦的倒不是辛苦和挨饿，而是那些突如其来的欲望，以及逃也逃不掉的饭局，这些很影响我的节奏。于是我开始把问题拆分成一个一个，然后逐一去解决。

比如，我先请了个做饭的阿姨，请她帮我把控每顿饭，至少用油干净，能做好营养搭配；在突然饿了的时候，我口袋里有常备的一些核桃等坚果。

北京是一座你不努力聚会就没朋友的城市，如果最可怕的饭局来了,有时候晚上喝了两杯酒,我就很容易暴饮暴食,随便看到什么都往嘴巴里塞。一顿饭下来,好几天的努力就白费了,因为吃完晚餐还想来个夜宵。

于是我买了根皮筋,只要想暴饮暴食的感觉来了,就自己弹自己一下,让自己保持理智,提醒自己:别吃。要是实在没忍住,就在自己的备忘录上写下:明天,跑个五公里。

后来我发现,坚持这件事最难的也就是刚开始的几天,等那几天熬过去,人就养成了习惯,坚持起来就不费劲了。这跟学习读书一样,养成好习惯后,剩下的就不是精疲力竭地坚持,而是习惯成自然。

就比如直到今天,我对甜的东西都不感冒,有一次吃了一颗巧克力,我还恶心了一会儿,我想,那些菌群可能已经被我饿死了。

就这样,我从年初的150斤,直接减到了130斤。我又变回了追风少年。可以说,现在我的体重,是从身高定型后最轻的状态了。后来医生告诉我维持住就好了,不能再瘦了,再瘦对身体不好。

更重要的是,直到今天,我依旧没有反弹。

瘦下来的我生活也因此改变了很多。许多衣服原来都不能穿,现在可以了;白色的衣服也可以是我常选的颜色了;走在路上竟然有回头率了。最重要的是,我也开始更加喜欢自己了。

回想那段减肥的日子,我觉得最难的并不是按照食谱吃饭,最难的也不是跑五公里,最难的是第一步:你要相信自己可以被改变。

3.

话说回来,我为什么忽然想要减肥呢?

二十多岁的时候,我们总是容易相信一下未来,可是到了三十岁呢?

人到了三十岁,经常容易崩溃,没有一个成年人的生活是容易的,所以,人们还是更愿意活在当下,不愿意看向未来。这样做只有一个结果:拒绝改变。

我的一个大哥,三十多岁的时候疯了,我每次问他,咱们一起做点儿什么吧,他都会说他做不了。但是,原来他不是这样的,原来他会问自己:"我怎样才能做成呢?"

一个人废掉,是从拒绝改变开始的。

我也一样,偶尔会感到焦虑,但大多数情况下并不是焦虑在作祟,而是在深夜忽然感叹:我的妈呀,时光一去不回头。

我时常想,如果再给我一次重回二十岁的机会,我还会不会做同样的选择。

我想了很久,后来才明白,我是不可能再获得这样一个机会了,这种想象,没有意义。

可是再一想,我并不是没有改变的机会,我还能面向未来疯狂更新自己。如果说过去种的种子带来了现在的收获，那现在种下的因，不也会带来未来的果吗？

那为什么现在拒绝改变呢？

于是，既然决定改变，那我就从改变身体开始，所以，我开始减肥。

去年，我写了《三十岁，一切刚刚开始》，是因为我相信现在开始，永远不晚，此时此刻，就是你人生中最年轻的时刻。现在去做点儿什么，去接受改变，哪怕苦点儿，未来会越来越好的。

其实外在好不好看，对我这样的成年人来说，早已不重要了，但从内到外的改变很重要，一个人应该先有认知的改变，接着外在才会有变化。就好比我先要知道什么是美，才能让自己打扮得更上档次；我先要知道什么是健康的生活方式，才能让自己的体型朝更好的方向发展。

认知，是最优先的。

对我来说，减肥只是人到而立之年自己跟自己的一次较量，更大的较量，是和时间的较量，是和自己的较量，是要去接受改变，是要去相信未来。

我曾经看过一句话，说你永远无法赚到超过你认知的钱，同理，你也无法做成超过你认知的事，所以，一定要记住：保持觉知，随时改变。

是的，越是知道点儿什么的人，越容易到处炫耀，感觉自己什么都清楚、什么都明白。年纪越大，这种油腻感就越强烈，对年轻人指指点点，自己从来不学习，不愿接受改变，人很容易就废了。

但是越是知道得多的人，越明白自己其实什么都不知道，这世界浩瀚而广远，我们只知道皮毛。

就像苏格拉底说过的，他唯一知道的，就是他什么也不知道。
无论到了哪个年纪，接受变化，保持觉知，才是成长的关键。
每个年纪，都是刚刚开始。
祝大家身体健康，每天都能有进步。

让生活有趣的几招

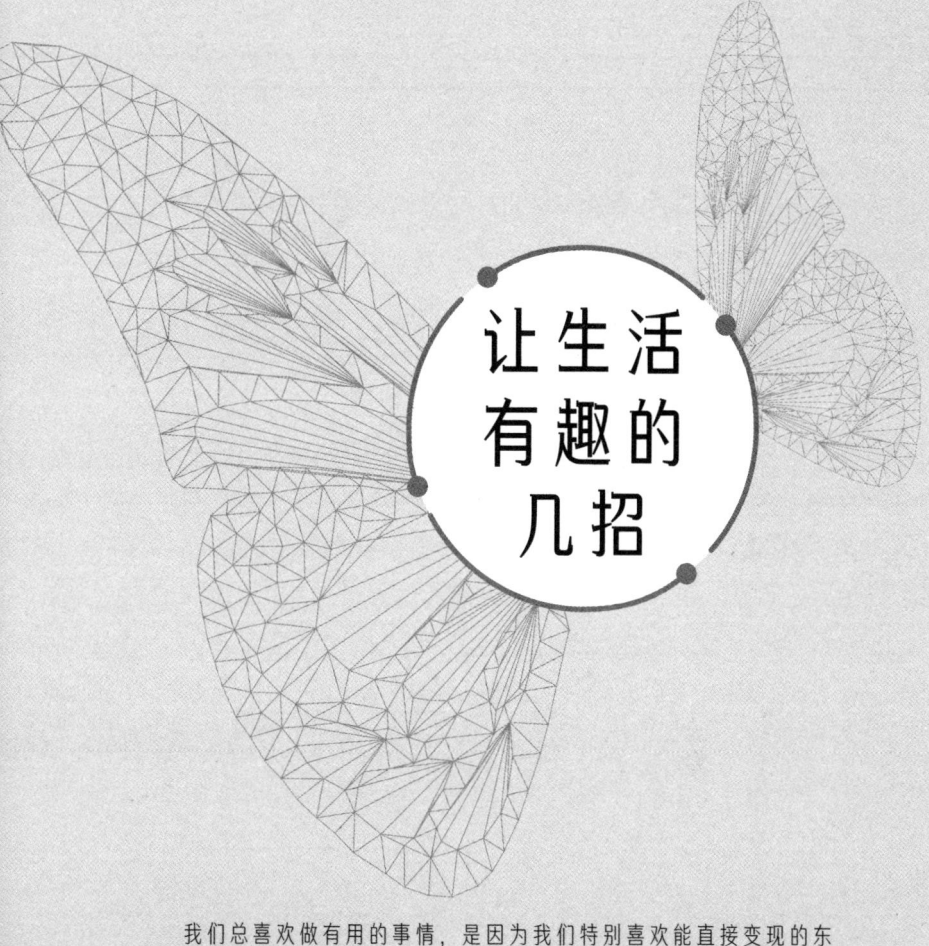

我们总喜欢做有用的事情,是因为我们特别喜欢能直接变现的东西,但其实有趣的事情才能让人回味很久,最终可以留在人心底。

我觉得自己还算是一个有趣的人,之所以说自己是个有趣的人,是因为我不喜欢循规蹈矩,不愿按照一定的规律或公式过每一天。

如果一定要问有没有让生活有趣的方法,我写了几条,仅供参考。因为一旦你按照清单和流程生活,留下的终究只是无聊和乏味,所以,以下的清单,跟本书的其他清单不同,只供参考。所谓有趣,就是打破舒适区,打破陈规陋习,突破生活极限,变得有所不同。

别宅

01

宅是干掉有趣的罪魁祸首。早在有高楼大厦之前，人类终日面对的是花草树木天空海洋，每一天都是不同的，就连看到的野兽也不尽相同。但自从这世界有了钢筋水泥，建起高楼大厦，似乎就多了阻隔、隔断，人们就莫名地习惯于待在一个地方，只看同样的风景，真无聊啊！

其实我可以理解，工作一天很累，上学一天很苦，外面的世界很残酷，家里的床好舒服。但请记住，想让生活有温度，想让自己活得酷，第一件事就是别宅，走出你的小屋。（天啊，竟然押韵了，不信你读读。）

其实，在大城市里，只要想让一个人废掉，就让他待在一个房间里，给他一根网线，只用外卖 App 点餐，相信没多久，这人肯定废了。其实，人哪怕出去吃顿饭，也比叫外卖能见到更多的人；多跟司机、服务员说一句话，也能碰撞出不一样的火花；哪怕出门看场电影，也比在家无休止地看剧热闹；哪怕是一个人，吃份爆米花，生活也能有趣好多；哪怕去趟图书馆或者去书店读书，也比自己一个人在家待着看书有趣，至少你不会那么无聊，看会儿书，就玩会儿手机。

去笑

02
▸▸

是的，笑是一个动词，是一种主动的方式，哪怕是故意的、尴尬的、强装的，都比故作冷酷强。有时候一个人笑着笑着，就真的开心了，嘴巴咧开，幸福感有时候真的会到来。不要总是装得特别高冷，觉得别人都欠你的，谁也不欠你的，只有你自己会亏欠自己。

　　科学研究表明，有时候你故意地笑或者假笑，都比你不笑要更容易获得幸福。许多人听段相声，看场脱口秀，读个段子，然后板着脸天天对着弹幕，冷冷地写一行字：不好笑。你真的觉得会伤害到演员吗？不，最后伤害的还是你自己。

　　有时候，假笑笑多了，可以变成真乐。确实这世界的底色是悲凉的，但开心点儿，没必要一直悲伤。我见过身边的好多人，都傻呵呵地过每一天，不去想每天的不开心，喝点儿酒，讲点儿笑话，哈哈大笑一场，一天也就过去了。我其实挺羡慕那些笑点低的人，他们并不是对生活的残忍一无所知，而是他们愿意与之和解。要愿意笑，而笑着生活的人，总容易活得更轻盈有趣。

多和有能量的人在一起

03
▶▶

如果你身边有很多有能量的人，建议你还是要多和他们聚会，哪怕只是吃顿饭聊聊天，也能让你能量满满很久。但如果，你一跟某个人在一起，情绪和状态就变得很糟糕，总觉得生活完蛋了、生命垮掉了，这样的人，要么你就下定决心远离他，要么你就想办法让他远离你。

我就遇到过这样的人，每次喝完酒他就特别喜欢说世界不公平，人生没意义，谁谁是傻×。这样的人，一定能拖垮你的生活。其实有趣的人，是会互相吸引的，如果你身边没有有趣的人，那么你也要自我反思，是不是有可能，你自己就总是一副没啥意思的样子。

我有一个发小，朋友们总是觉得他无趣，久而久之就都不带他玩了，说他从来都是一个样子。可是我偏偏跟他是好朋友，还觉得他很有趣，于是有一天，我很认真地分析了一下，发现他只要跟我在一起玩，就会很有意思，只要有第三个人在，他马上就变得拘谨了起来。后来我建议他试着以跟我相处的方式跟别人去接触，一个月后，他找到了女朋友，最有意思的是，女朋友对他说："你真有趣。"所以，适当打开自己，偶尔犯个错做点儿不一样的事情，也是一种有趣的体验。人啊，一定不要活成个机器人，否则那才是无聊的开始。

跑步

04

跑步为什么会让人觉得兴奋、有趣，从科学角度讲，有氧运动能让大脑分泌多巴胺。多巴胺就是让人兴奋的化学物质，它还能促进减肥，有益学习。每次我心情郁闷的时候，总会到朝阳公园，跟几个朋友相约跑个五公里，每次跑完，什么心情不好、情绪低落，全都好了，只感觉多巴胺在体内游荡。

最有意思的是，每次跑完步，我总能以不一样的角度去看同一件事。我读了一本书叫《运动改造大脑》，书里说，科学家发现，运动产生大量神经元，也就是说，体育活动为大脑提供了学习和见解所需的原材料。2007年，德国研究人员发现，人们在运动后学习词汇的效率比运动前提高了20%。

同理，还有骑自行车、游泳以及快走，这些运动做一次不够，要长期坚持。要有规律地做起来，坚持一个月，这些运动不仅能消耗热量，还能让自己变得更聪明有趣。

每天做一件
不一样的事

05
▸▸

人的思维很容易形成惯性，一旦形成惯性，生活就容易失去乐趣。打破这种惯性其实不难，就从每天做一件不一样的事情开始。不要做什么惊天地泣鬼神的事情，从小事开始即可：比如你下班回家可以换一条路；比如你中午出了写字楼可以反向行走，去吃一家之前没吃过的馆子；又比如周末你可以开车去一个没有去过的地方……这样做，看起来没意义，其实是为了让自己走出舒适区，而且这种打破惯性的思维模式，能让你变得有趣。

　　一开始肯定很难，甚至让你不太适应，请相信跳出舒适区后，自己的生活状态和感觉都会很不一样，至少你会觉得你现在的平常生活都是命运的恩赐。我有一个小本子，上面记载着一些我一直想做却没有机会做的事情，比如烫个头发、掏个耳朵、去钓鱼……我每次感到无聊的时候，就打开小本子，选一件平时突发奇想想做却没时间做的事情付诸行动。

不要放弃购物

06

我虽然不是狂热的消费主义者，但我觉得人不放弃购物，至少证明了以下两点：第一，你还有收入，还在工作；第二，你还有欲望，还需努力。这两点都是极好的征兆。但是要记住，买东西要适可而止，别把自己花成了一个"负翁"。尤其是在"双十一"这样的消费节日，一定要量力而行。

我其实不反对物质，因为这个时代，物质已经变得很重要了，经常犒劳一下自己，也能让自己更有动力前行。我是一个电子产品发烧友，但电子产品都很贵，虽然所有新出来的产品我都想拥有一份，但我会给自己提一个要求：完成了某些目标后，才允许自己买一件电子产品。比如前些时间，我告诉自己，只要我能写完《1小时就懂的沟通课》的稿子，就允许自己买一款苹果最新的耳机，之后做事情我果然就有了动力。

学会有趣的表达

07

我曾经写过：不管你信不信，这世界被牢牢地掌握在输出者手中。表达本身就是一种灵魂的传达，但是你发现了吗，有些人越说话，你越讨厌他，或者你不喜欢听他说话。总的来说，这些人要么词不达意，要么语无伦次，要么太一本正经，换句话说，就是缺少幽默"细菌"。

有趣的表达其实可以很简单，比如你可以正话反说、重话轻说，你可以说话的时候保持微笑，可以用不同的语调，也可以把正经事放在轻松的状态下说。比如你去朋友家吃饭，半天都不上菜，你可以看着空空的桌子说，今天这顿饭吃得真饱。

有趣的表达也需要多练习。在飞驰学院，我有一个写作课，欢迎大家去看，好的写作和说话一样，至少都要做到有趣。多多练习，肯定没问题。

好好吃饭

08

这条最重要。我开过一个玩笑，说一个人叫进食，两个人才叫吃饭。其实这是鼓励大家多去和别人、多去跟朋友聚餐，男朋友女朋友都行，少一些独自进食，生活就能有趣很多。

祝大家都能在无聊的世界里，找到属于自己的有趣。

Part 4

情绪可以低落,
但理想必须高涨

无论哪个年纪，
愿你可以按照自己的想法过下去

1.

有一天姐夫给我讲了个故事，深深戳中我的心。

姐夫三十多岁，和姐姐生了两个孩子，正处在事业的上升期，这看起来完美的人生，不知有多少人羡慕。

那天他陪领导喝酒，到了晚上十点多，饭局终于结束了。领导有司机送，他自己一个人打车，拿出手机时才发现手机没电了。

他算了算路程，走回去不现实，毕竟已经喝了酒，还有那么远的路。手机没电，也没带充电线，怎么打车？于是他伸手拦车，可见了鬼一般，所有司机都像没看到他一样。可能是因为那天下雨，车少，行人多，他等了好半天，始终没有车停下来。

无奈之下，他找到了一家餐厅，恳求一位服务员小姑娘："你能借一下手机给我吗？"

小姑娘心善，看着他也不像坏人，借了。他赶紧一边感谢，一边打给了我姐姐。可是那时候已经是夜里十一点多，刚生二胎的姐姐已经睡去了。手机还调成了静音。

他无奈，求小姑娘帮他打辆车，小姑娘看了他一眼，觉得他像个骗子。

于是姐夫拿出自己的名片，告诉他自己来自正规金融公司，有着正规的工作。

小姑娘这才同意帮他打车，可是因为下雨，所有类型的车都要排队，于是，他人生中第一次打了豪华车，花了120块钱。

回到家，他走进房间看到熟睡的老婆、孩子，什么也没说，默默擦干眼泪，把手机充上电，第一时间转钱给那位好心的小姑娘。处理完最后的工作和老板交给他的任务，他才躺上床，抱怨似的跟老婆就说了一句话："你怎么不接电话啊？"

我姐姐醒了，没说话，转了个身，因为第二天早上，孩子还要哭闹，还有其他事情要处理。

姐夫什么也没说，侧过身，睡了，只是嘟囔了一句："下次我要在家装个座机。"

这时，我姐转过头，问他怎么了。

她不敢太大声，因为怕惹醒刚刚出生的孩子，这样又要一晚上失眠了。姐夫讲完了自己的故事，很无奈，姐姐什么也没说，就抱了抱他，一个大男人，瞬间就哭了。

2.

成年人的世界里，没有谁是容易的。

大城市的人，时常会在遇到某些小事时，忽然情绪崩溃。比如，大风大浪扛过去了，买杯咖啡，服务员善意地帮我加了糖，我就情绪崩了；成年人创业失败都能接受，但路人一个不经意的眼神可能就让他情绪崩了；离婚失恋的人可以强颜欢笑，也许下了场雨就让人情绪忽然崩了。

不知道各位是否发现了，不知道从何时起，父母对我们已经没有太多话可以嘱咐了，一家人坐在一起吃饭，父母很少再对我们的生活工作提出意见，关注的重点都在刚刚出生的孩子身上。从前父母跟我们聊学习，毕业后聊工作、聊结婚，接着就是聊生孩子的话题，政策放宽后开始聊生二胎，等到这一切人生大事告一段落，一家人在一起吃饭时，倒有些迷茫了。孩子成了生活的主题和话题的中心，没有人再去聊其他事情了。

为什么呢？

原因很简单，因为过去是线性的生活，人生每一步都有模板可供参考，甚至每一步都可以"抄作业"，但是那样的青春已经结束了。三十岁后，每个人的日子都不尽相同，每个人都没有办法给对方提供合适的建议，于是每个人也都只能坚强地扛起生活的重担。或许会有人对你伸出援手，但最终你还是需要坚强地独自前行。人的多样性，从接近中年开始就被锁定了，同样，人的不容易也是从接近中年开始就确知的。这些不容易，每个人都不一样。

2021年,大年初一,一个叫菲菲(化名)的女孩子在北京的家里因为门锁坏了,被困了三十多个小时。这期间,她靠自来水为生,因为手机被锁在了外面。她是一个独居女孩,而且习惯了在大城市独居,从不去打扰别人。但好在她很聪明,最终通过敲击浴室管道,让楼下的邻居发现了她,从而救了她。

可是,当这个故事发酵到了网上,许多人都不能理解,为什么一个三十岁的女孩子不结婚?一个人在大城市奋斗,这是图什么呢?

可是,难道结了婚,就不会有生活的烦恼和要经历的苦难了吗?还不是照样有自己的问题:家庭和睦不易、孩子上学困难、工作和家庭之间无法很好地平衡……

这就是人到而立之年要面临的问题,每个人,都有自己的苦衷,每个人也都有自己的孤独。如果说原来我们都在读书、找工作、谈恋爱、生娃……那样线性的生活还能有其他人作为参照,而今,我们每个人都是一座孤岛。我们想在彼此身上寻求慰藉,想去找到自己的社群,可到头来,我们会发现,这世界就是座孤儿院,而我们已经开始漂流。

3.

我对接近中年并不是那么悲观,我在《三十岁,一切刚刚开始》里说过,打破年龄危机的方式其实有两个:第一,保持开放;第二,做点儿什么。

保持开放，你总能听到不同的声音；做点儿什么，你才不容易变得焦虑。

我的一个朋友，在三十岁那年告诉自己，无论谁说了什么奇怪的话，都不要着急否定，先去接受，于是他在五年前买了比特币；另一个朋友在三十岁那年告诉自己，只要自己感到焦虑，就赶紧去做点儿什么，于是他的公司明年将在香港上市。

而我是在三十岁生日那天，决定做些改变，不对任何人的生活指指点点，也不要给年轻人什么生活建议，只做好手中的事情，做好自己的事情。

因为我逐渐发现，每个人都不一样，很多人的生活，跟他们描述的完全不同。正如很多中年人的人生，早已千疮百孔，可是他们还在强颜欢笑。他们并不想从你这里得到建议，他们只是纯粹想跟你抱怨两句，然后回头继续过自己的生活。所以，如果你了解别人的生活，就请闭嘴；如果你不了解别人的生活，那就更要闭嘴了。陪伴，就是很好的帮助。

在一个深夜，一位朋友跑到我家跟我喝酒，她讲了她男朋友怎么跟她说的分手，一边说，一边哭，故事很长，但套路还是那些。后来，她说，她很焦虑，不知道自己以后该怎么办，更不知道自己能不能在三十岁前嫁出去。

这次换作我沉默了，如果在过去，我会毫不犹豫给出我的建议：找下一个或者回去找前男友聊聊。可是，这次我突然沉默了。

我不知道她还有什么信息没有跟我说，重要的是，我也没有问的欲望，于是我陪着她，直到她擦干眼泪，走了。

那天晚上，我也喝了两杯酒，昏昏沉沉的，但就是睡不着。忽然，在我脑海里出现了很多人，那些曾经离开我的人，那些我说了再见却再也没见过的人……那种矫情的感觉，瞬间又回来了，我感觉心口隐隐作痛。在三点多的时候，我终于疼醒了，我看着黑暗的房间，拉开窗帘，抬头看着遥远的星星，忽然感觉手足无措。我转身走进书房，坐在电脑旁边，写下一句：那些人，你们还好吗？

第二天早上，我洗了把脸，打了车，走进公司，继续一天的工作，仿佛一切都没有发生。

我发了条朋友圈：情绪可以低落，但理想必须高涨。

4.

让我说回人近中年的生活。

我们总以为生活是线性的，可以按部就班过一生，但后来我们都明白了，哪有什么线性的生活，每一天都不一样，每一天也都可以不一样。我们以为这世界可以变得很简单，比如学习成绩不好，恶补就行了；比如没有男朋友，找就好了；比如没有工作，找人推荐就行……那不过是三十岁前，别人给的模板，那种线性的生活到了三十岁后，一去不复返了。比如三十五岁忽然被辞退怎么办？三十七岁孩子在北京上不了学怎么办？三十八岁忽然爱上了老公之外的人该怎么办？四十岁应该转型做哪份工作？四十一岁，忽然深夜接到父母的电话怎么办……这些问题，当你打开搜索引擎，你会发现在"常搜索"那一栏，清晰地展现有你长久以来的焦虑。

这些问题，不会有人给我们标准答案，就好像人近中年，每个人的痛苦都不同。但话说回来，年轻时我们总相信有标准答案，到了一定阶段，我们才明白，年轻时也没有什么标准答案，你可以飞驰成长，也可以野蛮生长，但不幸的是，我们都以为那些标准答案就是对的，都以为"别人家的孩子"就是完美的，都以为只要那么生活以后就会衣食无忧。

现在看来，错了。

那些高考状元，也并不是每个人都给社会做出了贡献；那些辍学的，也并不是每个人都被现实打垮了；那些早恋的，也并非都落榜了；那些坚持青春期不恋爱的，也并不是婚姻都很美满。

所以，什么样的生活才是完美的呢？我不知道，但我知道有一条必不可少：不管别人怎么说，按照自己的想法，过一生。

愿你从今天开始，也可以按照自己的想法过下去，无论你在哪个年纪。

永远不要停止前进的脚步

1.

我很喜欢成都,生活气息浓厚,活力十足,一到晚上,就活力焕发。但我一直觉得成都这样的城市对我而言不太友好,因为我不能吃辣,而这座城市遍地辣椒,吃碗泡面都没有不辣的。

有一次去成都签售,我跟助理到楼下吃饭,我跟老板说,能不能不放辣。老板白了我一眼,说,不行。

我说,我是外地人,如果吃辣,第二天浑身会起疙瘩,第二天我还有活动,万一满脸痘痘可不方便。

老板笑了,说了句:"微辣你总能吃吧?"

我咬了咬牙说,微辣也行。

很快,第一盘菜端了上来,直接说结果,这是我第一次,被迫重新定义了"微辣"。我汗如雨下,眼睛也变得通红。

我问老板,这也太辣了,实在吃不下去,有没有水让我涮着吃。

老板端来一盆水,我一边涮,一边说:"老板,你确定这是微辣吗?你对微辣是不是有误解?你是想把我辣死好继承我的

'花呗'吗？你……"

最后，老板打断了我的疑问，很亲切地说了一句话："妈卖麻皮。"这句我确实没听懂。应该是夸我帅。

自从开始写作，每年我都会来一次成都。

我还记得2019年，我请到了我的两位兄长、合作伙伴，也是我的好朋友尹延和石雷鹏。2020年，疫情刚刚结束，我就迫不及待地敲定了成都、武汉、深圳、广州这些南方、西南城市的签售活动，我太爱南方了。好像只有南方，才能让我感受到生活的气息，每一天都万里无云，都让人想写下不一样的篇章。

我曾答应过我的读者，只要我还在写作，我就争取每年都去全国各地见见大家。2020年，我来得晚了些，但好在，还是见上了。

2.

每年一次巡回的签售会已经变得像是老朋友间的聚会，许多人接连见了我好些年，从他们还是学生，一步步走入职场，再从职场一步步走入婚姻，接着为人父母。这种相逢每年一次，每年都不一样，但每年都有相似的地方——不一样的是每年每个人都发生了改变，一样的是每个人都满怀热情。

2020年在成都签售时，我正对面坐着的那个女孩子，刚从英国回来，样子没变，经历却丰富了太多。她拿着麦克风对我说，她去年在英国留学,第一天就遭遇抢劫。我瞪大眼睛看着她,全场满是惊讶的眼神。

她自豪地说:"我抢回来了,我可是跆拳道冠军,武术冠军……"全场爆笑。然后她拿着麦克风,讲述完自己的故事后,很自豪地抬起了头。我很敏感,从她的眼神中,我能看到一丝孤独。是啊,一个那么坚强的女孩子,世界是不允许她伤心的。

可是她难免也有困扰,谁问过她身在异国他乡是否孤独,谁问过她在职场中是否无奈,又有谁问过她成年后是否迷茫,只是坚强盖住了她的愁苦。她还是说完了她的故事,一个人在异国他乡的孤独,在国外找不到工作的绝望,回国无法适应节奏的焦虑……很简单平凡,但又充满着不易。我刚有些感伤,她又大声喊着:"龙哥,你助理很帅,我能加他微信吗?"

我逗小宋,说主动点儿。至于加没加,我就不知道了。我只知道,悲伤的情绪又一次被她的坚强压下去。

没有人可以一直乐观,但乐观可以装很久。装着装着,就成了自己的保护色。

人越往高处走,越孤独,因为越往上面空气越稀薄,没人可以鼓励你,于是,你只能自己鼓励自己了。

3.

去年在互动结束的时候,我清晰地记得,一个男生冲上台拿着麦克风讲了快十分钟。他说他很紧张，很内向，所以想突破自己，于是他站了起来抢了最后一次互动问答的机会。因为不知道怎么收尾，他一讲就超时了，这十分钟，现场的几百位同学可不好熬，因为他有点儿语无伦次，完全不知道自己在说什么。幸好我打断了他，要不然估计他能紧张地讲一天。

这是我第二次见到他，他拿着麦克风只讲了两分钟，问了一个问题，成熟了很多，表达也顺畅了。

我想起一句话：长大是鼓足勇气上台，成熟是知道什么时候该闭嘴。

所以签名的时候，我给他写了一句话：希望你越来越好。明年见。

分别是人生的主题，那么分别时，就让我们下次见面时比现在更好吧。下次见面，他会变成什么样子呢？我又会变成什么样子呢？

我时常想起童年的时光，看着童年的日记，我会有一丝恍惚，那个人是自己吗？如果那个时候的我，知道现在的自己是这样的，我是会自豪还是会骄傲？我不知道，但我相信，应该自豪会多一些。

因为我正在变好。

4.

我经常在签售现场收到读者同学的信，每一封我都看过，有时候在路上我就读完了。我时常在火车上、飞机上看着看着就热泪奔涌了。写信是最真诚的表达，古时候没有手机，只能靠最简单的方式表达出最深情的想法，那是故事的雏形。后来有了手机，信息变得越来越多，故事变得越来越浅，好在我还能收到一些故事。那些故事，很真诚，每次读完我才知道，原来每个人，都有自己过不了的坎。

故事里这位学播音主持的同学叫小吴，中考失利后，她本以为生活就完了，家人不理解，同学也跟她渐行渐远。在一天晚上，她偶然看到了《你只是看起来很努力》这本书，曾经丢掉的梦想，一下子重燃了起来，她觉得一切刚刚开始，自己这么年轻，没有理由放弃。她不顾爸妈反对，一点点努力学习专业课，功夫不负有心人，现在她在成都的一所大学学习播音主持，已经升入大二。

现场她跟我说话的时候，眼睛红了，一边说一边哭，说实话，我知道这是什么感觉，因为我也是这么过来的。那是种被困难打倒后又拼命站起来的感觉，那是一种历经生活磨难却永不放弃的感觉。

我对她说，我跟传媒圈离得还挺近，如果有什么地方需要我帮忙，请一定要告诉我。我让她加了我助理的微信，虽然我也不知道我能不能帮上她。回到家，我给电视台的几位朋友打电话，说如果可能，我介绍一个朋友去电视台那边实习。

回到酒店，我看到了她的信，她把自己的故事重新讲给了我听，这信写的，就像是我自己曾经的青春。那些艰苦的过去，那些充满希望的未来。

小吴，祝好，希望下次再见时，没有眼泪，只有微笑。

5.

在成都，同样红了眼睛的还有一位男生，他拿着一沓邮票要送给我。他今年三十多了，在北京毕业后就回到四川的酒店工作，去年结婚，要当爸爸了。

可是，我感觉他并不高兴，他觉得一切都止步于此，不甘心。北京好像有他的梦想，他不服命运给他的安排，却又无能为力。2010年，他从北京的学校毕业后，唯一留下的东西就是这份他收藏了很久的邮票，现在少了两张。他想给我，因为他说，这东西对他没用，或许对我有用。

他的手在颤抖，可我不知道说什么，他红着眼看着我的模样，让我想起了我年少的时候。我也曾经把一本《致我们终将逝去的青春》送给了我的高中同学，我对他说："给你吧，我在军校用不着。"但最终证明，他也用不着，他很快就弄丢了。

因为那代表着我青春的重量，不能压在他身上，就像他青春的遗憾，也不会因为我而消散。我们对未来的期待，对青春的渴望，对美好的追求，只系于自己一身。于是我走向前，拥抱了他一下。我对他说："我先不拿你的东西，你下次带给我，我等你来北京，你来北京后，带给我。"

兄弟，我不知道你有没有看我这本书，但如果你在看，我想告诉你：勇敢点儿，无论多大的年纪，永远不要停止前进的脚步，别觉得到了三十，就应该就必须怎么样。人的思维应该无穷宽泛，别被生活打垮，能打垮你的，只有你自己。

我们未来见。

6.

再说个愉快的故事。有两个读者知道我是作家,让我签字,我低头一看:语文书。

我对他们说:"我是英语老师啊。"

他们看着我,很疑惑,说:"那你也签吧。"

于是我签了。

有时候,我都会忘记自己还是个英语老师。这跨界跨得我自己都很蒙。我想跟那位男同学说,这世界没有什么限制,只要你想看见更大的世界,你就勇敢点儿,作为一个"斜杠青年",我想告诉你,在任何年纪,只要你敢拼搏,你总能看到不一样的世界。往上走吧,上面的风景更好。

还有一个男生,头发都快掉没了,带着老婆来了,说自己是做工程的,每天都很累。我开玩笑说,从发量就看出来了。他说,他没考上高中,但好在自己在坚持学习,所以至少到今天他比同龄人都要强,自己赚的钱也够花了。一旁是被他拉过来的老婆,笑嘻嘻地看着他,一脸幸福的样子。他说,学历不重要,重要的是你在做什么,你是不是在持续奋斗。我说,学历也重要,但你在做什么、是不是在持续奋斗更重要。

7.

走之前,成都下了小雨,我再次看着这座寂静的城市,这句话浮现了出来:再见成都,如果可以,我争取每年都来见你一次。

我之所以喜欢做签售,是因为我可以听见读者的声音,是因为每次见面,我们都可以越来越好。

每次见面,都是一次记录,每次记录,虽然短暂,但永恒。

雨停后,夜里星光灿烂,大家晚安。

请走到阳光下,看到世界的美好

1.

我写过一本小说叫《刺》,后来被改编成了连续剧。一开始和编剧聊剧本的时候,两位编剧在剧本里跟我开了个玩笑:第一个玩笑是一个超级大反派,叫龙哥;第二个是一个成天关心别人、每次都在关键时刻给韩晓婷力量的人,叫尚老师。

其实,在设计剧本的时候,我们把整部戏的最高潮的部分设置到了最后两集。我不剧透,大家有空可以去看。但没想到,在14集的最后,编剧设置了一个令人意想不到的情节:尚老师跳楼自杀了。是啊,一个每天嘻嘻哈哈的人,为什么会死?

其实如果你看过小说就知道,小说里拯救韩晓婷的张峰,最后也从楼上一跃,走了。为什么这个世界,很多好人,最后都会把生活过得支离破碎,很多没心没肺的人竟然能走得很顺?

我在《我们总是孤独成长》里写过一个人,这个人叫艾奇。这人絮絮叨叨,特别喜欢鼓励别人,给人正能量,教别人做人做事,其实到头来,所有的话都是说给他自己听的。因为他的生活早就已经一地鸡毛。

这几个人,多么像我这种人。再多说一句,张峰、尚老师还有艾奇在生活里都有原型,这些原型,想必都是我自己吧。作家写不出自己生活以外的人,所以他们很容易陷入痛苦,然后把文学当作解药,把写下的文字当作水,一饮而尽。

2.

我的微博名叫尚龙老师,以至于我的学生总以为我姓尚,在当老师的这些年里,我最喜欢的开场白就是:我不姓尚。但是有趣的是,越是这么说,同学们越喜欢叫我尚老师。

现在还有倒霉孩子叫我尚老师。我老开玩笑说,老师是不能"尚"的。

当老师这些年,我学会了两件事:幽默和励志。这两件事从工作到生活,一直是刻在了我的基因里。幽默可以让课堂变得更欢快,励志可以帮学生走得更远;幽默可以让我忘掉不快,励志可以让我咬紧牙关坚持下去。

但我不得不承认,真实的生活并不是如此,真实的生活,充满险恶、悲伤,无论多么幽默、多么励志,都没用。夜深人静的时候,你安静地面对自己的内心,看着浩瀚无垠的夜空,当你忽然追问你到底想要什么生活时,你又能重新感受到悲凉。因为生命就像是一片叶子,不管飘到哪里,最后都是落在地下。

3.

我是在2019年初检查出患有重度抑郁症的，之前我一直以为这种病会离我很远，因为我是一个很乐观的人。我没办法处理好自己和商业的关系，商业求快速，而我的生活求深刻，白天有大量的公司管理工作，晚上还要安静下来写作，好在落笔写作可以拯救我。工作安排一密集，我就没了个人生活，重压之下没有动力。人一没有目标，空虚感就会袭来，只剩工作让你奔波操劳，身体就垮了。我需要喝大量的酒才能入睡，直到有一天，我发现无论喝多少酒，自己都无法入睡，我开始担心我的身体。

于是，我去了北京最好的精神科专科医院——北医六院挂了号。上午起床时我还很淡定，排到我的时候，我已经有些疲倦。才跟医生聊了两句，我忽然痛哭流涕，像个孩子。我说我睡不着觉，就算入睡，也总会梦到自己从楼上往下掉，每次都要掉到离地面很近的地方才能醒来。我还梦到过去的很多人，拿着刀追着我，我除了逃跑，什么也做不了。

医生问我是做什么工作的，我把我的工作内容讲给她听，医生笑了笑，问我是不是在"凡尔赛"。这也是我第一次听说什么叫"凡尔赛"，要不是我一直在哭，医生恐怕都不信，眼前一个这么乐观、在别人眼中很成功的三十岁的小伙子会抑郁。后来，我去做检查，需要把一个头盔似的东西戴在头上，做完一系列的检查，我被确诊患上了重度抑郁症。

医生后来给我开了药，问我："你这么年轻，已经这么成功，怎么会有这么大的压力？"我才意识到，生活重压下，谁也没有办法做到时刻抬头，励志和幽默救得了我一时，却救不了我一生。

这些年，我一直在很努力地工作，让自己忙碌到不去想那些终极的问题，但一旦安静下来，我内心的世界就崩塌了。脑子里的声音太杂，于是我时常在深夜喝到烂醉，只有这样才可以直接入睡，不用在床上辗转反侧。我也知道这样不对，但我束手无策。

因为如果你不够忙，抑郁症就像黑狗一样不分场合，没有来由，忽然出现了，把我的生活咬得支离破碎。

我曾经写过：文字是诅咒，也是祝福。

2018年，我写了那个给韩晓婷无限希望的作家：张峰。最后他跳楼自杀，完成了自己这一生的使命。戏里的尚老师，也是这样告别了世界。艾奇也在说完最后一段甜言蜜语后，疯了。在写完《刺》后，我曾失眠过好几个夜晚，曾无数次害怕这种"诅咒"会降临到自己身上。害怕自己一个闪念，结束自己的一生。

直到我意识到，许多我写过的温暖的文字、说过的那些鼓励别人的话，其实都是说给自己听的。那些看起来温暖的微笑，其实是自己给自己的幽默，那些看起来奋进的力量，是自己跟自己较劲。

4.

我从军校出来的几个朋友，多多少少，都有些精神方面的问题。有些是双相情感障碍，有些是狂躁，还有些是抑郁。后来我发现，身边越来越多的人,在三十岁的时候,都有了抑郁的迹象。

我说说抑郁症,这病,看起来好像没什么,但这种病像是一只黑狗,挥之不去,让你辗转反侧。你赶不走它,也杀不死它,所以你必须学会和它相处,要在关键时刻调整好自己的状态,要在情绪低落时拥抱自己。谁也不能帮助你走出来,记住,只有你自己可以帮助你。

刚开始得这病的时候,人会持续地情绪低落,对所有事情都缺乏兴趣,思考能力下降,体重也会发生明显变化……一些人看着好好的,转眼就变了个模样。他们不接电话,说话底气不足,满脸疲倦,不想见人……

在开机前,演员苏青问我,为什么韩晓婷每次在极端痛苦的时候,都会用刺扎自己。我不知道怎么回答,于是我给苏青送了本书,那是专门讲 PTSD 的,也就是讲创伤后应激障碍的一本理论书。她在飞机上看完,给我发了条信息,说:"我懂了,只有刺痛自己的时候,才能感受到活着。"

是啊,只有感受到痛苦,人才是活着的,可是一直痛苦下去,人会如何呢?

这个世界有很多病是有症状的,比如感冒了,你会发烧;摔倒了,你的身体会出现瘀青。但是这些精神疾病,却没有症状,只有在暴发时,人们才会看到生命的陨落。可是看到我们身边越来越多的人和精神上的疾病沾了边时,很少有人会给予关注和关心,甚至有不少患者因为怕被歧视,把自己的痛苦埋在心里不说,担心一旦说了,就会遭人厌弃。

其实大家不知道的是，对得抑郁症的人来说，最大的痛苦不是病症本身，而是接受治疗。在你去看医生的那一瞬间，你和别人就不一样了，你就会担心别人看你的眼光不同了。

但其实，在大城市，尚老师得的这个病很常见，在我们身边，像尚龙老师这样的人也很多。在美国，经常看心理医生的人也很常见，只是在中国，精神上的病一直被误解了。

后来在和编剧讨论这个剧本时，我意识到，如果我们能给予抑郁症患者更多的关注，让这些人第一时间去看病治疗，尚老师这样的悲剧可能就不会再现了。

5.

我曾经跟团队的小伙伴说过，情绪可以低落，理想必须高涨。人看着远方，近处的伤害才不会伤到自己。

在 2019 年底，我按照医生的建议，每天坚持锻炼，减少工作压力，多跟朋友社交。在亲人和朋友的陪伴下，我恢复得很快。

再去检查时，医生笑着说："你已经满血复活了。"她还开玩笑地说："你看我给你开的药好吧。"我也笑嘻嘻地说挺好的。其实，我一颗药也没吃。当然，我这样的方法不值得提倡和推广。我接受了这个病，继而找到了新生活的平衡点。

所以，我们创造尚老师和张峰这两个角色时，也是希望让更多的人关注到这个群体：他们平时嘻嘻哈哈，但一旦离开人群开始独处，就会痛不欲生。黑狗一来，就算极力掩盖，也无能为力。

有些看起来不经意间说出的话，其实是他们求救的呐喊，那些看起来有些难过的微笑，其实体现的是他们崩溃的灵魂。正如一位喜剧演员在演讲时说的那样：真正的抑郁，不是生命出了差错的时候悲伤，而是生活中一切都好的时候依然悲伤。多少笑容的背后，其实是强忍着的绝望，那些再普通不过的言语，却容易像尖刀一般。

但亲爱的朋友，请听我说一句话，无论如何，都要活下来。不要想去死，也不要想这么没意义地过完一生。记住，只有活下来，你才有机会感受到爱，感到自己能驯化那条黑狗的瞬间，你才有机会走到阳光下，看到世界的美好。

所以，回到《刺》这部剧。

尚老师虽然离开了你们，但我会一直留在你们身边。痛苦是生命的暗喻，是生活的另一种可能，但那一定不是我的生活，因为我已经战胜了它。

希望你也可以像我一样，希望我们能通过这部剧，关注到身边的这个群体，请大家记住：能治愈他们的，只有爱——别人的爱、世界的爱、能被发现的爱，最重要的是，来自他们自己的爱。

谢谢你们。

保持孤独，保持成长

1.

2020 年，无疑是变幻莫测的一年，疫情开始蔓延，全球经济下滑，人们戴上口罩，悲观的情绪笼罩着人们的生活，不放过任何一个角落。似乎那一年，全世界的期待都在下行，人们总是看不到希望，在租来的房子里过着二手的生活。

有意思的是，我的一个朋友，他的生活发生了很大的改变。这个朋友叫石雷鹏，是我的好朋友，也是我的合伙人。

2020 年，他出版了自己的第一本书《永远不要停下前进的脚步》，这本书销量特别好，刚上市就到了当当新书榜的第一名，连续霸榜四五周。因为我在做图书方面的兼职，很多圈内人都在问我："这人是谁啊？书怎么可以卖得那么好？"说实话，这真的不是因为我，这是他应得的。因为他不惧时光，没有顾虑什么大环境，只是默默地擦亮自己手中的剑，所以厚积薄发的他才可以仗剑走天涯。

我跟石雷鹏老师认识很多年了，他的变化是惊人的。他是在邯郸的一个村里长大的。一步一步踏踏实实地走过来，他成了一位大学讲师，成了创业者，又做了英语老师。现在因为演了我的小说改编的剧，还成了一个十八线的演员。

这一年，石雷鹏的变化特别大。不止我一个人这么认为。

有一天和宋方金老师在一起喝酒，我们聊到他时，几乎是异口同声地说："他的演讲能力越来越强了。"无论多大场合，无论什么样的场子，他都可以游刃有余。从第一次演讲冷场、略有紧张，到现在，他的演讲已经可以算得上能"炸场"的程度了，只要把他放在第一位，他永远可以让现场的气氛热烈起来。

除了演讲，他可以算是多点开花。尤其是演了《刺》之后，他几乎已经放飞自我了，好多剧组邀请他客串。如果你也关注了他的公众号，你会发现一个更加可怕的事实：他的文笔也越来越好了，产量也越来越高了。

我们在广东签售时，这家伙几乎每场演讲的稿子都不一样，上车就写稿子，晚上无论跟别人喝酒到多晚，第二天早上起来都要跑五公里。

他说这是为了调整好状态。但这确实让我感到震惊，因为他毕竟已经这么大年纪了。

他的故事告诉我一个道理，大环境固然重要，但大环境里的小人物怎么做、怎么想更重要。石雷鹏曾经跟同学们说过一句话："你别管别人在没在玩，你管好你自己。"

可是，大多数成年人，总是盯着别人，很少做自我反思。

2.

大家应该都看过我写的《刺》。这是一部探讨暴力的小说,准确来说,是探讨集体暴力的小说。

一个十年前曾遭遇过校园暴力的女生,长大后成了企业高管,遇到了之前的同学,请注意,这个同学并不是曾经霸凌过她的人,而是曾经围观她被霸凌、在一旁冷笑的人。于是我在小说的第二部分写道:"刘涛问韩晓婷,你为什么这么持续地欺凌我?"她说:"因为你笑了。"在这样一种相互霸凌的状态里,时间来到五十年后,有了互联网,暴力无底线,说话不用负责,于是因为暴力,整个故事成了个死循环。这个故事有两个主题:第一个是爱和暴力的关系;第二个更重要,不是霸凌有没有问题,而是冷眼旁观有没有错。

在现实生活中,我真的遇到过这样一个同学。那是我上中学的时候,一群人在厕所门口欺负一个女孩子,其他人要么大笑,要么装作没看见。他路过厕所,站在那儿,说了句:"这样不好。"很快,更多人走了过去,开始拉架,开始阻挠,那个女孩子得救了。

个体永远是个体,可以跟群体分开来看,这也就是《刺》这本小说给人的启发。你永远可以作为个体,在宏大叙事中进行自我表达。

后来,就如大家看到的那样,根据这部小说改编的连续剧在优酷播出了。这部剧的影响力不小,播出当天,有关部门就已经开始关注校园暴力了。更重要的是,越来越多的人意识到,围观、冷笑也是一种暴力。

这部剧在上线当天，就拿到了榜单的第二名，引起了很大的反响，现在已经可以免费观看了。

直到今天，每个中学生进入学校时，都能看到或即将看到反校园霸凌办公室，这是他们在被欺负的时候，最后一道可以依靠的保护墙。这部剧，每一个家长、老师都应该去看看，去看看你们以为轻松、平淡的青春，背后潜藏着多么可怕的伤痛与苦楚。

这部剧甚至推动了反校园暴力的立法，从这个角度看，很多人感谢我，说我促进了法治的完善。我觉得不是，是我们每个人都开始意识到，原来自己也能在这个时代做出正确和正义的选择，无论这个时代会走向何方。

3.

《刺》就告一段落了，写完《刺》后，我又写了本小说叫《人设》。在写完《人设》后，我就像被掏空了一样，那段日子，我经常一个人在街上散步，有时候自己喝两杯酒，就开始放飞自我。这些年，我身边的大多数朋友都结婚了，也有好多已经离婚。在2020年初，疫情使我们每一个人都只能待在家里。不过这也让一直在外奋斗的年轻夫妻，终于有了陪伴对方的时间。本以为今年的出生率会大大提升，没想到提升的不是出生率，而是离婚率。据民政部的数据统计，全国的离婚率接近40%，其中离婚夫妻的主力军是"90

后"夫妻,他们的占比高达45%。

如今的大环境下,离婚率一直在飙升,现在连很多"00后"都标榜着自己不相信爱情,因为早晚都会分手,结婚后早晚也都会离婚。我问过几个小孩,为什么这么想。她们说:"你们这代人不就是这么做给我们看的吗?"

带着这个疑惑,我开始闭关写作,之后出版了《我们总是孤独成长》。这本书通过四个人的故事,讲明了我理解的爱情和婚姻。我们这一代人,已经到了结婚和离婚的年纪。我们这代人对婚姻的概念特别模糊。我们似乎又恐惧又期待。因为婚姻发展到今天,确实在我们这代人这里遇到了瓶颈。

西方的婚姻一直基于"三脚架体系"下,也就是夫妻和神。而中国的"三脚架"特别诡异,夫妻加孩子,夫妻加妈妈,夫妻加工作,还有夫妻加狗⋯⋯夫妻什么都可以加,就是不加爱情。

一晃,我们也到了谈婚论嫁的年纪了。这一代人的婚姻跟前一代人的不一样。我们迷茫,不知为何;我们期待,不知为何;我们焦虑,不知为何。

我采访了几十对新婚夫妇,看完了市面上所有跟婚姻有关的书,接着,我开始动笔了。但在北京写了三个月,我就发现写不动了,石雷鹏他们老找我喝酒,我又忍不住,就老跟他们瞎喝。于是我飞到了希腊,在一个岛上待了许久,完成了最后的创作。

那个岛叫米洛斯岛,那里的海水特别深邃,天也湛蓝无比。据说,这里是爱神阿芙洛狄忒诞生的地方,她就是从这水中,露出了身姿，上了岛。可以说，古希腊文明，也就是米洛斯文明。而我，就在那座岛上，写完了这个关于婚姻和爱情的故事。

我还记得，最后一天，我在一家酒吧掏出电脑写到深夜，一个欧洲的哥们儿穿着背心和拖鞋站在我身后，看着我的屏幕。

这是我第一次在公开场合完全不在乎别人看着我写东西，因为我猜他啥也看不懂，只是好奇这一个个左右工整、能简能详的符号是什么。

后来，他忍不住了，用蹩脚的英文问我："What are you writing about?（你在写什么？）"

我说："I am writing stories about love and marriage.（我在写关于婚姻和爱情的故事。）"

"Oh, interesting.（哦，有趣。）"

也不知道怎么了，他竟然开始用蹩脚的英文跟我讲了他的爱情故事，而且讲了好长时间。我微笑着听着他讲了好半天，才知道他已经醉了。

说实话，我一个教英语听力的，都没听懂他在说什么，也不知道是他的英语太差，还是他这个故事太曲折。他走前握着我的手，然后拥抱我，还亲了我一口。然后他晃晃悠悠地走了。

我留在酒吧继续写着。那天我想了很多事情，我忽然意识到，爱情是人世间最美好的事情，就算语言不通，国籍不同，肤色不一样，我们依旧能通过爱，聊到情深处。

所以，我终于明白，大环境确实在一次次提醒着我们，哪有什么爱情，无非是交易和筹码，是吗？

对于婚姻我可能没有发言权，因为婚姻可能是一种社会制度或者政治的结果，但谈到爱情，我想，我们必须选择相爱，否则，我们将会死亡。

我在那家酒吧写到了深夜，在月光下定了稿。

在我定稿后，我采访的几十对新婚夫妇里，已经有两对离婚了。你看，这就是我们这代人的婚姻，一边热闹一边孤独。

昨天，我的一位在长江商学院读 MBA 的同学打电话来说："李尚龙你就是个混蛋，把我直接搞哭了。"他是个做财务和投资的人，言语从来都充满理性，谁知道忽然间就哭了。

故事里有个人，叫艾奇，他继续问我，到底谁是艾奇。

我没说话，其实我知道，艾奇就是我自己。那些说了无数次的甜言蜜语和加油鼓劲，其实到头来就是说给我自己听的。世界一团糟，自己的生活早就千疮百孔了，但艾奇还在坚持跟别人说，要加油。

因为，他就是那个"少数人"，不对，每个人都可以是"少数人"，都可以只做自己。

这是我写得最深情的一本书，我可能再也写不出这样的东西了。小说是生活的另一种可能。看似写的是婚姻，其实写的是孤独，是那种谁也没办法逃离的孤独，那种深邃到骨子里的孤独。

我们生命中有太多孤独的时刻，在那些孤独时刻，只有自己可以陪伴自己。

4.

人终究是孤独的，所以我们总喜欢看大环境，跟着趋势走。走着走着，就迷失了自我。

我从 2008 年离开武汉，这十二年里，我有过无数的孤独时刻，也见过太多人受环境影响，好在，我都是自己陪着自己度过的。

从一个人离开武汉读军校，看着长江大桥的远去掉眼泪，到在军校的每一天，想家想到哭，然后咬着牙告诉自己不能给爸妈打电话。

后来我去了新东方，每天上十个小时的课，课上特别热闹，课后十分孤独。课后一个人蹲在北京的夜空下吃一碗泡面，然后默默告诉自己，不能输。

直到今天，我依旧在路上，依旧会感到孤独。但是我意识到，正是孤独让我变得更好，正是孤独让我明白什么是自己，也更让我懂得，孤独也有魅力，在孤独里才能找到更好的自己。

如果你问我有什么想对过去的李尚龙说，我想，这句话是避不开的：保持孤独，保持成长。

就算世界上没人懂你，也要记得坚定地走下去，就算孤独，也要成长，也要绽放成最好的自己。

好在，还有音乐在记录

在安徽合肥的胡桃里音乐酒馆，一群歌手在台上尽情地唱歌。

他们不知道台下坐的是谁，就如我们也不知道，自己怎么就晃晃悠悠地走进了这家酒馆。又是一次外地签售会，每次去外地签售，我们都会喝点儿酒，放放风。好像只有离开北京，大脑才会放弃思考，回到儿时的简简单单。

或许是音乐刺激了我们的听觉，又或者是一些熟悉的旋律击穿了我们的记忆，总之，我们一行三人就这么坐了下来。

台下的人慵懒地喝着酒，有些人发着呆，有些人大声聊着天。大多数人面对面，不说话，只是玩着手机，手机的亮光照着那些人的脸，在昏黄的灯光下，那些脸被照得有些令人毛骨悚然。

歌手在台上唱得很卖力，就好像每个人都在用心地听，就好似每个人都能和他们的歌声产生共鸣。可台下的人只盯着手机，在歌手演唱完毕后，甚至没有掌声响起，歌手就尴尬地开始演唱下一首歌曲。

我看了眼石雷鹏，他好像已经喝多了，我问他想不想听特定的歌，这里可以点歌。

石雷鹏说："我不想点歌，我想唱歌。"

我说："那算了，我们还是听歌手唱歌吧。"

就在这时，歌手在台上卡壳了，好像是上一个点歌的老板忽然决定不点了，退了款。我立刻叫来服务员，在纸上写了一句话，付了款，递上台，然后大声喊着："别急，我们救场。"

歌手拿着麦克风礼貌地说了声"谢谢"，接过纸条，上面写着："光阴的故事"。

接着，霓虹灯下，旋律响起。整个酒吧像是通了电，无论哪个年纪的人，嘴巴都在配合旋律动着，一些人放下手机，一些人看向舞台，每个人都像是认识一般，大家合唱着，携手走在光阴的路上。

我第一次认真听进去这首歌，是因为当年的一部电影《中国合伙人》，电影的主题曲就是这首歌，有两句歌词，令人至今难忘：

流水它带走光阴的故事 / 改变了一个人 / 就在那多愁善感而初次等待的青春

好一句多愁善感初次等待的青春，让每一个忽然多愁善感的人，都觉得自己正值青春。

我看着石雷鹏，心想，我们认识多少年了。从我刚进新东方，再到一起创立考虫，再到一起开设飞驰学院，我看着他结婚生孩子，他看着我从一个二十多岁的小毛孩成长为三十岁的男子汉。

我想起有一天喝了点儿酒，对他说，新东方"三驾马车"写了《中国合伙人》的故事，咱们还是要努努力，要不然，我们仨只能写《中国散伙人》的故事了。

他笑了笑，音乐还飘在空中，我像被什么击中一样。看着台上的歌手动情地唱着歌，我忽然懂了，音乐是人类共通的语言，有些话不用说，音乐就告诉了你答案，有些故事你不用记住，音乐会帮你留存。

我看着我面前的两个人：石雷鹏跟我认识七年了，小宋也跟我走过六年了，这仿佛就是光阴的故事。你不用记住，旋律响起时，那些片段总会历历在目，过电影一样，浮现于你的脑海。

我的眼泪就在眼角，直到歌曲结束。显然石雷鹏也有些感动，他也叫来了服务员，对服务员说："我也要点歌。"

我有些期待地看着他，他在纸上写下了他要点的歌：潇洒走一回。

我差点儿摔倒在桌子下。

他自豪地说："放心吧，等歌手唱完这首歌，全场就要沸腾了。"

他总是这样，在伤感的气氛中忽然破功，在尴尬的时候却总能找到解决的方法。

歌手拿到纸条，准备了一会儿，竟然开始唱了。

歌手唱得很激动，我看了下台下，鸦雀无声。

一首歌唱完，我跟石雷鹏说："年轻人对这首歌好像没啥共鸣啊。"

他摇了摇头，很沮丧，然后说："那我点首《大风车》吧。"

要不是小宋最后抢过纸条，这个晚上就这么搞笑地过去了。

最后小宋在纸上写下了一首老歌：《一生所爱》。

我不知道多少人会对这首歌有共鸣，也不知道有多少人看过周星驰的《大话西游》，但每个人应该都知道，吴孟达已经离开了这个世界，经典永远是经典，无法重来，经典永远留存在人们的脑海里。其实，互联网正在撕裂着每一个集体，让人们越来越不一样，让同一段旋律在不同的人中难以引起共鸣。我曾经问过一些弟弟妹妹，他们说，他们现在都不爱去 KTV 了，因为每个人听的歌和喜欢的旋律都不一样。一个人唱一首歌要花三到五分钟，其他人只能干巴巴地坐在旁边。

那天晚上，我还是听到了熟悉的《一生所爱》，在旋律响起时，我忽然想起身去转转，走到楼上时，我看到两个女生热泪盈眶，她们一边听，一边用手抹去流下的眼泪。她们没说话，此时，无声胜有声。

　　从前现在过去了再不来
　　红红落叶长埋尘土内
　　开始终结总是没变改
　　天边的你漂泊在白云外
　　苦海翻起爱恨
　　在世间难逃避命运
　　相亲竟不可接近
　　或我应该相信是缘分

我想，她们不会知道是谁点的这首歌，就像我们谁也不会知道她们为何流泪。

　　生活不易，每个人都有自己的伤痛，但就在旋律响起时，过去、现在和未来交缠，交织的情感把我们连接在了一起。

　　这是音乐的美，也是人生的美。

　　小宋和她们俩素未谋面，却像是有了一次灵魂交流。这就是相逢吧，或许，这应叫作重逢。因为一首歌，因为一段旋律重逢，因为音乐有了共鸣。

　　曾经一个朋友对我说，她去相亲，对面那个男生她怎么看都没有感觉，但就在结束的时候，男生的手机响了，手机铃声是《夏洛特烦恼》的插曲《咱们屯里的人》。

　　她噗的一声笑了。这个男生，后来成了她的老公。他们回忆起恋爱的时候，女生说，一开始他老装着端着，越到后来，越发现他是可爱的，尤其是那段手机铃声响起的时候。

　　这个时代对群体的撕裂无处不在，人们分散到不同的社群里，做着不一样的事情，有着你完全不能理解的价值观。原来我们只相信几个故事，现在，没有一个故事是被所有人相信的，就如音乐一样，谁的歌上线都会有"难听"的评价上热搜。有时候，让你动情的歌曲，别人无动于衷，你觉得无感的歌曲，别人听到却哭得稀里哗啦。

　　这现象的本质，只有两个字：孤独。到头来你会发现，自己的痛苦只有自己能懂，自己喜欢的旋律只有自己可以哼唱，如果忽然有个人跟你一唱一和，那你无疑是幸运的。

其实，我们这代人还比较幸运，还有几首歌，能拉回一代人的记忆，你能在一两首歌曲的旋律下，找到同龄人，找到经历过同样伤痛的人，找到属于一个圈子的人。

但这样的情况会越来越少，因为歌曲会越来越多，人们的注意力会越来越分散。下一代人会越来越难有共同熟悉的旋律，越来越难有素未谋面却灵魂碰撞的时刻。

人终将是孤独的，所以，珍惜那些和你懂得相同旋律的人，正如珍惜那些懂你为什么流泪的人一样。

我在半年前，签了一份特别奇怪的合同，朋友后来还问我，为什么会那么相信他，都没怎么做调研、没怎么思考就签了。我说："上次去你家看到了你电脑里的歌单。一个那么爱听五月天的歌的人，哪怕现在不厉害，以后也不会差。"

他很惊讶，问："你也听五月天吗？"

我说："是的，一个爱听励志歌曲的人，能坏到哪儿去呢？"

我之所以想到这个故事，是因为在结尾时，电脑里随机放了那首《知足》。我想这就是成年人的乐趣吧，一点点音乐，就能让人穿越回过去。不过，好在有音乐，要不然太多事情都被忘掉了。那多可惜啊。

人是怎么废掉的？

在大城市，人很容易废掉。只要做到以下几条，废掉不是梦。

悲观性反刍

01

我商学院的一个同学，几年前赶上了创业浪潮，下海创业，公司上市，现在身家也很高。但有趣的是，每次喝完酒，他都愁眉苦脸，恨不得要哭出来。第一次我还很认真地安慰他，久而久之，我发现一个规律，他讲来讲去，讲的都是他人生最低谷时的那几件事：失恋、失业、失态。可是他忘了，现在的生活一直很好，他有很好的工作、很幸福的家庭。只是因为那么几件不如意的往事，他就不停地在心里反刍。

其实你仔细看看就会发现，身边很多人都有这个毛病，心理学把这种现象称为"悲观性反刍"。一件悲伤的事情其实早就过去了，但他就是喜欢一遍遍回想，一次次回忆当时的情境。我妈有时候也喜欢这样，总是一遍遍重复我爸曾经跟她吵架时说的话，后来我跟我妈妈说不用总是记得这些不好的事情，我每次都说，试试忘掉它们。其实，换个思路，换个环境，朝前看，一切都会好起来。但人们就是不干。

间歇性亢奋,
持续性低迷

02

我的一个创业者朋友，创业三年，煎熬三年，终于还是在上个月关掉了自己的公司。其实这并不奇怪，也不偶然。在北京、上海、深圳，有很多创业者都是这样。大多数时间，他们都颓废着，只有少部分时间跟打了鸡血一样，这些亢奋的时间往往是在晚上，是在睡前。间歇性亢奋，持续性低迷。

其实，无论是工作还是生活，本质上都一样，不坚持、不持续，三分钟热度，想到哪儿走到哪儿，成不了事。"坚持"这两个字是成功的法宝，人不用天天给自己打鸡血，慢慢走，不要停就好。久而久之，你发现你慢慢走，比那些突然跑两步再停一段时间的人要走得远。这就跟写作一样，你一天不可能写完一本书，但是你可以每天写两千字，剩下的交给时间。一年后，一本书就写出来了。

只想不做

03
▸▸

我的一个学生已经连续在微博上给我发了三十多天私信了，前些天我咬着牙把这三十多天里她发来的感受看完。我发现一个规律，大多数的碎碎念发送于晚上，她每天一个想法，可谓天马行空，可是，第二天她做的事还是和前一天一模一样。

　　其实，这世界很多的烦恼都是因为想太多，做得太少，或者什么都不做，光胡思乱想了。晚上天马行空路万条，早上起来洗把脸走原路。

　　你哪怕看本书再去想，也比胡思乱想要好。没有一个根基，不站在巨人的肩膀上去思考，容易把自己弄废。

　　没有条理和理性地思考久了，就成了情绪，情绪堆积多了，人就废了。

不懂延迟满足,
只知道短暂自娱自乐

04

不知道你有没有发现，高手和菜鸟最大的区别，就是高手懂得为未来投资，他们把目光投向未来，所以他们总是选择延迟满足。菜鸟则不一样，菜鸟只知道今朝有酒今朝醉，心想，我死以后，哪管它洪水滔天。

高手懂得越自律越自由的道理，于是他们做理财为了以后更好地消费；他们健身，为了更好地奋斗、折腾；他们读书，为了看到更大的世界。而菜鸟不一样，他们有多少钱都可以立马花掉，碰到什么好吃的就立刻塞到嘴里，发现什么好玩的就马上飞奔而去，总之怎么舒服怎么来。

高手放眼未来，菜鸟盯着当下。

短期来看，高手好像不快乐，长远看，谁都知道，菜鸟才划不来。

只做紧急的事，
不做重要的事

05
▶▶

什么是紧急的事情？比如领导让你立刻回信息，论文要马上交，这些有截止日期的，都是紧急的事情。

什么是重要的事情呢？锻炼、读书、学习……这些都是特别重要的事情。

你发现了吗，重要的事情你今天不做，明天不做，也没什么大碍，但这些事情就是很重要，只是不紧急而已。

我有一次隐约感到牙齿出问题了，我心想这事虽然重要但也不紧急，我就去做紧急的事情了。然后，我惊讶地发现，这世界上都是紧急的事情，只有看牙不紧急。下一次意识到牙齿的问题比较紧急，是在一个早上，我轻轻咬了口包子，就感到牙齿一阵剧痛，再去医院的时候，医生说，牙齿保不住了，只能拔掉。很多时候，人就是这么废掉的，跟我的这颗牙一样，被"紧急"两个字耽误了。

请记住，人废了的标志就是不去做重要的事情，只被紧急的事情拖着走。久而久之，人就废了，因为他失去了掌控自己的生活的主动权。

把自己当回事,
看谁都不爽

06

我认识一个哥们儿，当然，现在已经不能算是朋友了，从他自以为是看谁都不爽开始，我们就不是朋友了。我一直不知道他是怎么变成那样的，直到有一次我去他家，看到他买了两本书，他每本书都读了一半。

　　这世界上有一种人很让人讨厌——一知半解的人。这些人比什么都不知道的人更令人讨厌。什么都不知道的人反而容易谦卑低调，但那些一知半解的人特别自大，觉得除了自己谁都不行，那股讨厌劲反而在他们身上体现出来了。

　　在掌握了少量的知识后，他们拒绝学习，拒绝成长，拒绝进步，还看谁都不爽，谁也瞧不起。

　　没有进步，只追求格调，人活着只剩格调，看谁都不爽，自然就废了。

身边都是
负能量的朋友

07

准确来说，一个人身边只要有超过一个负能量的朋友，还天天和对方混在一起，基本上就废掉了。

因为，负能量是会传染的，负能量比正能量还容易传染。

我的建议是，如果身边有这样的朋友，赶紧绝交，至少远离。实在走不开，也要想办法保持距离，比如把工位想办法调远些，比如尽量不回宿舍。

如果你身边全部都是负能量的朋友，不要抱怨，因为你可能也不是什么正能量的人，要不然怎么能吸引这群人呢。

去做一个给别人带来正能量的人，从每个清晨开始。

欲望超过收入

08

一个人想让钱变得足够多，有两种方法：第一，控制欲望；第二，增加收入。

第一个方法很简单：你不去想昂贵的房子，不去想奢侈的包，钱自然是够的。

第二个方法很难，但实现了就很棒，如果你的欲望和野心都很大，你只能拼命去赚钱，这样也没问题。

所以，当一个人欲望很大、收入又跟不上的时候，他就只能剑走偏锋：要么花别人的钱，要么透支未来消费。花别人的钱会感到自卑，透支未来的消费容易让人短视。

无论如何，都是恶性循环。

被手机随时打断

09
▶▶

发明手机的初衷是让每个人都得到方便。直到有一天，一些人忽然发现，自己成了手机的奴隶。他们每时每刻都会被手机消息打断，心流被破坏，失去了主动的意识。

别人推荐什么你看什么，别人宣传什么你信什么，别人用什么你买什么……

主动意识消失，离废就不远了。

我现在在写作、读书的时候，手机一定会在屋外，这样一来，我的效率就高了很多。一旦我拿着手机，焦虑感就来了，脑子也容易乱，因为被带着走的感觉，不好。

每天一模一样

10

让人废掉的最后一条定律叫：每天一模一样，循规蹈矩地过每一天。

在这个人工智能兴起的时代，人工智能像人不可怕，可怕的是人越活越像人工智能。重要的是，每天一模一样没有彩蛋的生活是容易形成习惯的，随着时间的推移，人也就不爱做出改变了。

就像2020年初，每个人都需要在家隔离十四天，十四天不让出门，我竟然觉得很爽，还迷上了打游戏，自己建了个岛，在岛上还天天种树、钓鱼……而我的另一个朋友，在隔离期间不仅写完了一本书，还干了好多其他的事情。

其实，每天做一件不一样的事情，生活就会发生改变，比如去没去过的餐厅吃一顿饭，看一本没看过的书，见一个没见过的人……

多一些彩蛋，生命就能多一点点彩色。

优秀是能成为习惯的，同理，颓废也一样。

Part 5

时间给你的礼物，
就是坚持的意义

一年能不能改变一个人？

1.

一年能不能彻底改变一个人？这个问题，很多人问过我，我也问过很多人。

我先说答案，答案是肯定的，一年可以彻彻底底地改变一个人。

2015年底，我认识了一位演员，几次工作受挫，她决定闭关苦练英语口语，闭关前，她问我："学英语有没有捷径？"

我说："没有。"

她说："如果我每天都学英语口语，坚持三个月能不能学好？"

我说："不能，时间太短。"

她问我："半年呢？"我有些犹豫地点点头。因为用半年的时间去努力，能不能学好，需要看天赋。

她继续问："如果一年呢？"

我使劲地点点头，然后又摇摇头。

她问："怎么了？"

我说，一年的坚持肯定可以让你变成一个英语口语高手，但许多人都在半途放弃了。

她笑了笑，说："你太小看我了。"

2016年末，我再次见到了她，她依旧接着一些不温不火的戏，演着不温不火的角色，依旧不变的是，她的英语口语没有任何提高，除了简单的几句打招呼，其他还是一窍不通。

于是，我问她为什么没坚持下来。

她有些不好意思地说，一年时间太长，中途总有些事情打断她准备坚持下去的计划。说完，她又问："所以，有没有耗时短一点儿就见效的方式？"

我愣在了那里，因为她又回到了原点。

她认为耗时短一点儿的方式，就是我们经常说的捷径，这让我想起了自己在健身房跟教练的对话，我问教练："能不能快点儿减二十斤？"

教练说："我跟你这么分析吧。抛开饮食，如果你想一年减二十斤，你就需要每天跑三公里；如果你想半年减二十斤，你就需要每天跑五公里。如果你想要三个月减二十斤，你就需要每天跑五公里然后坚持不吃晚饭；如果你想要一个月减二十斤，你一天就只能吃一顿饭了，跑步也必须从原来的五公里加到十公里以上；如果你想要一天就减二十斤，那就只能做手术了。"

教练最后还补充了一句："做手术的风险很大，往往会有后遗症，所以，除了注意饮食和坚持运动，并没有什么又快又好的方法。"

的确，在时间的推动下，坚持会有惊人的力量，这种力量能潜移默化地改变人。

道理大家都懂，只是很少有人坚持到最后而已。

工作和生活也一样，坚持爱一个人，这个人就会是你的伴侣；坚持做一件事，这件事就会是你的事业。

2.

所以一年能不能彻底改变一个人呢？再说一遍吧，答案是能，不过你需要坚持。

又是一句"鸡汤"一般的话，却是成就万事的真理。

其实坚持最难的地方，是要学会聪明地放弃一些东西。

如果你要坚持锻炼减肥，你就要放弃临时的饭局；如果你要坚持每天学英语，你就要舍弃追爆红的网剧。

因为你不可能一边吃着大鱼大肉一边减肥，更不可能一边沉迷在网剧中一边背单词。

这些舍弃，往往意味着更换另一种生活方式，并且养成习惯。

习惯一旦养成，坚持就变得容易了很多。

人为什么会这么容易放弃，是自己的意志力不够强大吗？是自己天生就不适合坚持吗？

不是，人的基因就是被设计成懒惰的、容易放弃的。的确，我们都在年初满怀激情地定下宏伟远大的目标，却在年终无奈地摇摇头，然后自己责怪自己，再感叹一句：坚持太难了。

坚持难吗？

难。

可是为什么有人可以坚持下来呢？

不是他们的意志力有多强，而是他们养成了习惯，他们从习惯中找到了热爱。

我在某一年的年初，决定在这一年读够至少五十本书，于是我在做决定的当天就买了二十本书，放在最明显的地方，每天不看就觉得买了好可惜，于是我决定每天用闲暇时间读一点儿。我把每天晚上十点到睡前的时间挤出来看书、做笔记，那段时间我一定会关掉手机，安静地阅读。

我先坚持了一周，一周后，我好几次想打开电脑或手机跟人聊聊天，出门看看电影，吃顿大排档，但我都忍住了。又坚持到了第二周，十四天后，我养成了读书的习惯，接着，每天如果不在这个时候读书我就总觉得少了点儿什么，它成了我生活的一部分。

坚持就是这样，前几天难受，一旦成了习惯，就变成了下意识的行为。不要总是鼓励自己要坚持，而是要把你要坚持的事变成习惯，这样自然就简单很多。

所以，用一年的时间，去不间断地做一件事情，去磨炼一项技能，提升自己的能力，然后让这项技能与你如影随形，带你去更高的平台。

达尔文说，他之所以能在科学上成功，最重要的一点就是对科学的热爱，坚持长期探索。所以，请一定要相信时间的力量。

3.

过去的一年里,我见到了许多有趣的案例:一个朋友每天坚持写作,然后出了一本书;一个朋友每天早读,结果托福考了110分;一个朋友坚持健身,年底秀出了八块腹肌的照片。

他们并不比我们聪明,他们只是在自律中找到了更大的自由。

那个每天写作的朋友,就算是在聚会时也带着电脑,专心致志地写着一些东西;那个考托福的朋友,成天蓬头垢面,几乎半年都没有买一件新衣服;那个健身的朋友自从决定坚持健身后,就再也没在晚上和我们喝过酒、吃过夜宵,当然他也没朋友了,哈哈哈。

有人说,这世界上的美好都来源于坚持,坚持一天很容易,坚持一周也不难,难的是坚持一年。

其实并非如此,人毕竟是有习惯的,坚持个十几天,自然就养成了习惯,剩下的,交给时间就好。

伏尔泰写过一句特别"鸡汤"的话,但真的管用,我建议你可以写下来贴在墙上:要在这个世界上获得成功,就必须坚持到底:至死都不能放手。

其实也不用坚持至死,坚持一年就能看到由量变到质变的飞跃。那么,为什么你听了这么多道理,还过不好这一生呢?

因为你只是听,那些人,他们在做,而且已经开始坚持了。

从我写完这篇文章起,又是一年要来了,所以,你要不要从今天开始坚持做一点儿什么,定下能达成的小目标,养成好习惯,重要的是做点儿什么、坚持点儿什么，一年后，当你再看到这本书，你会有什么感触呢？

这世界许多美好的事情都源于坚持。

坚持是一个看起来特别像"鸡汤"的词，但它是带领很多人实现飞跃的良药。

愿你在新的一年里，能坚持做自己喜欢的事情，变成一个不一样的人。

你不能间歇性亢奋，持续性低迷

1.

我记得有一天在一位学生的朋友圈里，看到一句话：坚持是最没意义的。

于是我给她发私信问她为什么，这才知道考研出分，她落榜了，而且就败在了英语上。好在那一期我没有教她，要不然我总觉得是自己的问题。

她继续抱怨说："我都坚持了一年了，怎么可能才考这么点儿分……"

她的目标是上一所艺术院校，而艺术院校的英文过线分并不高，于是我产生了怀疑。

于是我问她："真的吗？"

我怀疑的理由很充分，一个坚持一年，每天学习英语的同学，英语只考了三十多分，显然可能性不大，要么是学习方法有问题，要么只是看起来很努力。我多年的教学经验告诉我，这件事情有点儿蹊跷，于是，我去问了她身边的同学。

她同学说:"拉倒吧,她考试前还跑出去旅游了。"

我哑然,同学又说:"她才不坚持呢,三天打鱼两天晒网,用你的话说,就是你只是看起来很努力。"

我找到考虫的后台,调出了她的听课记录,果然,除了第一堂导读课,后面的每次课她几乎都只是听了前百分之三十,中间大面积缺课,只有最后几天,她才像打了鸡血般听完了整堂课。

试问,这有什么用?

当一个人欺骗时间,时间也必然会欺骗他。

我不知道怎么再去安慰那位同学,于是我写了一句话给她:时间是公平的。

她没回我,我想她也不清楚那是什么意思,就像大多数人都不相信时间也不懂得时间一样。

就在刚才,我忽然想起了另一位学生,这哥们儿更逗,心情好的时候就背两个单词,心情不好的时候就躺一天,接着觉得内疚,第三天突然背了四十几个单词,到了第四天犒劳自己,再躺一天……考砸后他问我:"我怎么感觉自己学习没什么成效?"

我说:"很正常,因为你以为你很努力,你不能间歇性亢奋,持续性低迷,你不能只是自我感觉在努力坚持,结果三天打鱼两天晒网,到头来,只是自己感动自己。时间是坦诚的,也是残忍的,一年如一日地做一件事确实很难,但这才是坚持的意义。哪怕你每天只坚持半小时,不漏掉一天,时间也会给你应有的收获,否则,你根本没有理解坚持的意义,也就不会有所收获。"

结果,才是评价一个人是否努力的最好标准。你有没有坚持到底，结果说了算，不要抱怨过程有多辛苦，更别自我感动，没意义。

2.

我曾经写过，坚持爱一个人，这个人就会是你的伴侣；坚持做一件事，这件事就会是你的事业。

很多人不相信，但其实是真的。

那么，让我来跟你分享一个故事吧：

许多年前，我的一个朋友肖霄，一个追风少年，去了法国留学，学电影。从中国传媒大学毕业后，他满怀热情地到了法国，希望学成回来，能凭自己的一部影视作品在圈内立足。可是，他面对的现实很残忍，他只能在法国的餐馆刷盘子，仅仅是为了谋生。好在，他依旧保证每天看一部戏，每天看完戏后写笔记。虽然还在刷盘子，但他没有停下来，日复一日，在异国他乡，他认识了他的女朋友，因为漂泊在国外的孤独和抱团取暖的必要，两个人很快在一起了。

他们在那边待了很久，后来决定回到北京。回了北京，没过多久，他和相爱多年的女友结了婚。生活上，重新归零；工作上，也是从零开始。

他安慰自己，虽然工作还没有起色，但好在他还坚持着爱一个人，自己有了一个幸福的家庭。

在他准备从零开始时，他认识了一个家伙，这个家伙刚好写了本小说，小说的名字叫《刺》。这家伙写这部小说，是希望能让更多的人关注校园暴力。但仅凭书的力量不够,需要把它变成电影或者电视剧才行。这个家伙就是我。他问我,能不能一起把这部小说拍成电视剧。

我跟他喝了几次酒,忽然意识到,他是真爱这部小说,因为他知道这部小说被改编背后的意义是什么。于是,我以一块钱的价格把版权卖给了他,我对他说:"你加油。"就在那次酒局上,他成了网剧《刺》的总制片人。

做总制片人不好受,想要让这部连续剧和大家见面,就必须保证这个项目每天往前推进一点儿,必须保证自己在几年里,每天都为这个项目费心费力,从一而终,不能间断。导演可以休息,编剧写完剧本就能离组,演员不开机就在酒店待着,但总制片人不行,他需要每时每刻都扎在剧组里,不能停歇。

我记得有一次,他来到海边,浑身起湿疹,还在潮湿的厦门剧组一线待着,坐在导演的监视器旁。他一边挠自己,一边盯着大屏幕看。我问他怎么了,他撸起袖子,我看见一片片红色的斑。我问他怎么不去看医生,他说,他先把工作做完,晚上回去再看。

我开玩笑说:"晚上回去医生还在呢?医生等你看完才下班?"

说完我也觉得有些不好意思,因为当时肖霄已经连续工作了几百天,这部剧从开始筹划到上线花了整整三年,而这背后的博弈和坚持,令人感动。

这三年里,我作为原创作者,都不知道自己松懈了多少次,一会儿心情好问问他进展,一会儿忙起来又投入到其他事情中去了。有时候我都觉得,爱播不播,算了。甚至有很长一段时间,我都忘了这部剧已经开始筹划了，可他一天都没有松懈，每天都在为推进项目打转，见人、找投资、抓创作，三年如一日，很多时候我们都喝多了，他仍旧保持清醒，回到家继续工作。

直到疫情暴发后的一天晚上，他忽然告诉我："尚龙，这部电视剧很快就能和大家见面了，领导批准了。"

那一年，特别巧，他和太太还生了一个孩子。而这部剧的播出，让他在圈内的地位一下子提高了。是的，三年的坚持，他的事业终于腾飞了。

这下，他成了别人眼中的人生赢家。一天吃饭的时候，一位编剧说："恭喜你啊，今年事业家庭双丰收。"他不好意思地挠挠头。别人觉得他的成功来得轻而易举，只有我看到他背后的坚持。

说实话，无论在哪个行业，如果每个人都只看见一个人获得的成功，却不知道背后几百个日夜的坚持和那些不如意、无奈，很多人就会认为成功是轻而易举的。

而这看起来顺利的生活，背后是艰苦卓绝的坚持和从不放弃的行动。

多说一句，人生的每一个阶段都是如此，不管你是年轻还是老了。

3.

让我说回学习，我们都以为自己知道坚持的意义是什么，以为坚持学习两三天就能超过别人，三天打鱼两天晒网，就能得到理想的成绩。你错了。这种坚持是无效的，你最多最多只能超过过去的自己。许多比你聪明、比你家境好的人都比你努力，起跑线都不一样，你还不拼命？

我并不是在贩卖焦虑，当然你也可以选择当一条咸鱼，就不用想着比赛了，当咸鱼也没错，那是自己的选择。但如果你就是想做点儿不一样的事情，就是想在这个世界上留下点儿什么呢？那么，请你看完坚持的意义。

我们总是容易莫名其妙地偷懒，莫名其妙地放弃，找的理由无非是累了、乏了、心情不好了，却不知道偷懒和放弃意味着什么。很多时候，学习中偷懒一次就可能前功尽弃，就好比你背了三天单词，第四天去蹦迪，前三天背的单词就容易忘掉；就好比你坚持锻炼了三天，才吃一顿大餐竟然就回到了之前的体重。

坚持不是三分钟的热度，坚持需要死磕，坚持需要你春夏秋冬每一天都在想这件事。你不能三心二意，要从一而终，你要耐得住寂寞，抵住诱惑。

你不能因为心情不好、天气不好、别人不好或任何不好而偷懒。坚持需要你用尽自己的热爱，耗费自己的青春，哪怕这一天不美好，你也要相信未来是美好的。

为什么未来一定会美好呢？因为当你持续做一件事情时，时间会给你最好的报答。

最后时间给你的礼物，就是坚持的意义。

坚持爱一个人，这个人就会是你的伴侣；坚持做一件事，这件事就会是你的事业。

同样，你坚持熬夜，时间会夺走你的健康；坚持放纵，时间会导致你身心的创伤。

时间是公平的，坚持也一样。

愿你的坚持，能使你的未来变得美好。

时光不会辜负一个坚持的人

1.

蓝盈莹终于还是红了。

我曾经说过,她红是早晚的事情,因为她这么努力,没有不红的理由。她是《乘风破浪的姐姐》初舞台第一,虽然最后的成绩有些可惜,但综艺就是综艺,重要的是戏剧效果,至于剧情是什么,不重要。

我总是不容易记住时间,因为年纪大了,事情和人在记忆里跳来跳去,于是我不能清楚地记得我什么时候认识的她,我想,大概是五年前吧。

那个时候她还不红,刚认识她的时候,我还为她看了一遍《甄嬛传》。

那时我也刚进文学圈,写了几本杂文,不温不火,被某些不负责任的媒体批得体无完肤。

我们应该就是在那个时候认识的。谁也不是谁,谁也就是谁。

她读了我的书，在微博私信我，说这本书写得真好，接着，我们就"互粉"了。

认识后，我们一直没有见过，但经常在网上互动，就当是网友吧。

其实我们几乎每年都联系，因为我的生日和她的生日差不了几天，所以想到快到日子了，就发条生日快乐，白羊座的人的性格总是无比豪爽，第一天见面我们就跟认识了很久似的。

这些年看到她很努力，那种坚持是发着光的，那种努力也是从内到外的，时常到忘我的状态。她是很典型的干一行爱一行，爱一行成一行，成一行奔下一行。

我没想到的是，她英语很好，尤其是口语，用英语跟我聊天时对答如流，甚至有段时间，我们只用英语对话。后来我才知道，她每天在片场休息时会抽空背单词，然后对着空气一遍遍练习，生生把自己背成了 native speaker（母语使用者）。后来她去美国读书，深造回来后，我们一起吃了顿饭。

我记不得上一次见她是什么时候了，毕竟岁月残忍，人和事都会渐渐在脑子里消失。我只记得那天我喝了好多酒，晕晕乎乎的时候听到她说："我明天要去韩国学习舞蹈。"

当时我不太懂，一个演员干吗又要学英语，又要读书，还要学舞蹈。

直到今天我才懂，她才不愿意用"演员"这两个字封锁住自己未来的无限可能。她不想让"人设"限制住她的人生，更不想让别人的话语，限制住她的未来。

网上有很多人嘲笑她的书单，我觉得不该这样，什么时候轮到不看书的人嘲笑看书的人了？当然，人时常都是这样的，一知半解的人嘲笑智者，不干活的人嘲笑干活的人，懒惰的人嘲笑努力的人……越是在糟糕的时代，这样的人越多。

我借用宋方金《给青年编剧的信》序言中的一句话回复这些嘲笑她的人吧：

世间人有千千万，其实也就两个人，有见识的人和没见识的人，或懂的人和不懂的人。没见识、不懂不可怕，一辈子可以活个人品；没见识自觉有见识，不懂装懂，出路只有两条：一，成为傻子；二，成为骗子。

至少从我的角度来看，就是那些人看不起的励志书，帮助她渡过了难关，让她成了一个很坚强的人。这就够了。

我说回蓝盈莹。

曾经有个同学问我："我再怎么努力，也比不过那些富二代，我为什么还要努力？"

我告诉他，你想多了，这个世界上百分之一的人掌握百分之九十以上的财富，你看洛克菲勒家族、沃尔顿家族，他们的财富都是一代传给一代的，你十年的寒窗苦读，凭什么比得过人家几代的努力？所以，别想多了，富二代根本就没有跟你比，他们早就乘着上一代为他们积攒了一生的飞船飞到了更高处，飞到了更远方，你可能都看不见。

人比到最后，都是在跟自己比。只要你坚持跟你自己比，哪怕每天只进步一点点，时间都会给你馈赠。

所以，你永远不要高估自己的智商，也不要总是抱怨原生家庭没有给你更好的生活，只要勇敢地承认自己笨，我们就会发现，我们还有最后也是最重要的一件法宝：坚持。

这件事情只有笨人能做到，而我们这个国家，最缺的就是这种不走捷径、勤勤恳恳的笨人。

从这个角度讲，我和蓝盈莹都是笨人。

我也不是什么聪明人，大学不是英语专业，不是中文专业，不是师范类专业，曾经也不懂戏剧、不懂写作，但我懂学习，我知道坚持的意义，我相信时光不会辜负一个坚持的人。我很笨，所以我走到了今天。

2.

蓝盈莹送过我一把尤克里里。

记得那年她突发奇想，说想学音乐，然后就买了尤克里里。她还在微博上写下自己的目标，每周学着弹一首歌。的确，她就是这么做的，这就是为什么，她在《乘风破浪的姐姐》那个节目里拿起尤克里里就能弹唱，这背后的努力和时间的积累，就是一个人从非专业转变到专业的原因。

她在微博上很详细地晒出了自己的转变，这些转变是默默的、持续的，从头看到尾，看不出变化，但从第一条直接看到最后，就能发现一个人明显的蜕变。

就像一个减肥的人，一天两天，看不出变化，一年两年后，那变化就非常明显了。

我受她启发，也决定花点儿时间学习尤克里里。

还记得第一次跟她演奏的时候，现场有好多人，那场"演出"简直是灾难，因为我刚学了三天，就想出师表演了，这简直是痴人说梦。接着，因为忙碌，弹琴的计划很快被搁置，尤克里里放在一旁积起了灰。直到过年前，我给自己写人生理想，忽然决定，今年怎么也要培养点儿爱好，于是，我决定学习一门乐器。

从那天开始，我下载了课程，按照课程里讲的内容坚持苦练。从零到一学习技能很艰难，有两个方法很重要：第一你要找准方向，第二你要肯搭上时间。

这两条，都是最适合笨人的路，也是能让人走得更远的路。

就这样，每天下午我工作结束回到家，第一件事就是拿出尤克里里，弹半个小时。一年后，我已经可以熟练弹奏许多歌曲了，我还跟一个哥们儿一起组了个乐队。又过了一些日子，我录了一条视频给蓝盈莹看，她发了条语音给我："你进步好快啊！"

前几天，我们商学院的同学弄跨年晚会，我当着全班同学的面弹了首《知足》，好多同学问我是不是专业院校毕业的。我说，我不是专业院校毕业的，但我肯定专业。

我之所以这么自信，是因为我花了时间，用了笨功夫。

哦，对了，我已经开始组乐队了，希望不久的将来，能创作出自己的单曲。

3.

我总觉得，这个世界上聪明的人太多，没有笨人。聪明人总在找风口，总在找捷径。所谓笨人，就是一步一个脚印，哪怕走得很慢，也永不停歇的那种人。

就像读书一样，每天读一点儿，积累下来，一年就能读完很多本书；写作也一样，每天坚持写三千字，一年下来，就能写成一本书。

我自己有个跑步群，领头的是北京大学第一医院的大夫谢主任。第一次跟他跑步前，我问了他一堆问题：配速应该是多少？步伐应该怎么样？跑多久？怎么跑？后来他告诉我，别管这些，别停就行，跑吧。

直到今天，我们已经一起跑过故宫、跑过朝阳公园的小怪兽、跑过天坛的大象……重要的是，我跟他一起坚持了很长时间，后来几乎每天都在跑。一开始很慢，后来跑着跑着，我发现配速越来越快，我也能坚持得越来越久。

直到今天，我已经可以比较轻松地跑完十公里了。

村上春树曾经在《当我谈跑步时，我在谈什么》里写过："生存的质量并非成绩、数字和名次之类固定的东西，而是包含于行为中的流动性的东西。""或许我不该仰望天空，应当将视线投去我的内部。我试着看向自己的内部，就如同窥视深深的井底。"

这就是笨人的思考方式。

笨人相信时间，相信自己，他们不关注外在的成绩，不炫耀，只关注内在的成长。

这样的人，能走得更远。

青春是愿意改变的决心，
是曾经丢掉的少年感

1.

中学时，他曾经有个梦想，就是穿一身白，从衣服到裤子再到鞋子，那样好看。因为动画片里说，一身白像天使。

女孩子都喜欢洁白无瑕的天使，男孩子也是，所以在他心里白衬衫代表着青春。

妈妈也同意，于是给他买了一套白衣服。他穿上，妈妈说好看。可没多久，妈妈就不让他穿了，说白衣服不容易洗，还是穿一身黑吧。

他说，白衣服一直穿，不就成黑的了吗？

妈妈踢了他一脚。

自那之后，他就没有穿过白衬衫了，因为妈妈的工作压力大，没时间给他洗衣服。那套白色的衣服，就这样放在衣柜里，再没有被拿出来过。

后来他去了北京上大学，想了半天，还是决定不带这套白色衣服，因为他去北京是去奋斗的，所以没有时间自己洗衣服。

再大了点儿后，他参加了工作，也就不爱穿白衣服了。一是他发现白衣服确实不好洗，二是人们说穿白衣服不稳重。商业世界里，好像很少有白色的衣服，只有苍白的面色。

最重要的是，白色显胖，一件白色的衬衣能让他的肥胖暴露无遗。

的确，岁月带给他的除了长大，还有肥胖，这就是人到中年的油腻。

肥胖的原因很复杂，从科学的角度来说，肥胖是由多个基因位点、社会环境和心理因素共同作用的结果。但几乎所有这些因素，都必须通过不健康的生活方式的催化，才能在我们身上起作用，对我们的体重产生影响。

比如熬夜、暴饮暴食、从不运动……

不知从什么时候起，他离白色的少年越来越远了。那些白色，只留在小时候的记忆里。就如同那件没有从家乡带到北京的白衬衫，压在柜子的最深处，随着他的长大，逐渐被他忘却了。

成人的世界里，只有赚钱，没了少年感；只有奔波，没了安宁。

他感觉自己的灵魂和身体，都离小时候的那个白色的天使越来越远。直到有一天，这个油腻的胖子回到了老家，竟然从家里的衣柜里翻出了那件白色的衬衫。这一年，他刚好三十岁。看着十八岁时穿的白色衬衫，他忽然流泪了。这十二年，他的身高没有变化，体重却重了二十多斤；他的眼神不再单纯，变得焦虑、无奈。

他拿起那件衣服,说服了自己:

既然抵抗不了时间,那就让身体变好吧。

2.

我把那件白衬衫从老家拿回北京。我站上秤,这是我这些年第一次鼓足勇气面对自己的体重。我去体检,毫无疑问,脂肪肝和高血脂都有了,我不能把这些都归因于工作压力大,如果都三十岁了,还把自己的问题归罪于别人,这人还有什么前途呢?

我决定回归健康的生活方式,非常严格地控制饮食,制订健身计划,走进健身房,减少饭局社交。

总体来说,健康的生活方式包含饮食、运动和心理管理三个方面。这三个方面,缺一不可。

我先划掉了菜谱里所有的米和面,因为网上说,碳水化合物虽然能让人开心,但它也是让人长胖的罪魁祸首。同时被我戒掉的还有糖。我也开始坚持跑步,从一开始的五公里,到后来的十公里,从一开始的配速7分55秒到后来的6分30秒,再到后来的6分钟。从一开始的一周跑一次,变成三天跑一次,再到两天跑一次,渐渐地,我爱上了跑步,爱上了健康的生活。跑步分泌的多巴胺,让我越来越兴奋。

三个月过去,我瘦了二十斤。

再次站上秤的时候,我忽然想,应该再试试,给那件白衬衫一次机会。于是我从衣柜里翻出了那件衬衫,穿上后走到镜子旁,忽然,一个十八岁的少年站在我的面前。天啊,青春在那一瞬间回来了。

那件白色的衬衫已经泛黄,但我身上的青春,忽然再次鲜活了起来。

这是我三十岁后最开心的一天,因为我把十八岁的我,从时光中重新挖了出来,并让他站在了我的面前。

3.

在一次演讲前,他想了半天,决定穿上之前一直不敢穿的白色衬衫。他试着把衣服披在身上,然后小心翼翼地扣上了扣子。当所有扣子被扣齐的刹那,他笑了。因为只有没有啤酒肚时,扣子才能扣上,而此时此刻,他已经没有啤酒肚了。

上台前,助理告诉他,你别扣扣子,穿衬衫不扣扣子才好看。他点了点头,解开了扣子,衬衣自然垂下。他走上台时,感觉走路带风,飘逸的除了头发,还有衬衫,他感觉那些青春时光又回来了。

虽然,那只是短暂的瞬间,却像是永恒一般。

原来,青春并不会随着时间的流逝而丢掉,青春是愿意改变的决心,是曾经丢掉的少年感,是对世界永远的爱,是穿上白色衬衫的瞬间。

青春一直在。

4.

人在三十岁时总会有些焦虑，我的焦虑是从肥胖开始的，但也正是开始减肥后，我意识到自己曾经写过的那句话：打败焦虑的最好方式，就是立刻去解决让你焦虑的问题。在路上的人很难焦虑，因为他每天都离目标近了很多。

减肥时，我思考出的道理是，当一个人身材开始失控，这人脑子里的思想多半也要开始失控了。

减肥的那段日子，我开始读书，每周读完一本书，写读书笔记；重新捡回英语和写作等技能，保证每天都有新的进步。

三十岁，一切还未结束，人生才刚刚开始。我曾经跟一个四十岁的哥们儿一边跑步，一边聊天。我说，我忽然发现我三十岁的时候，身边已经有颓了的；他笑了笑，说他四十了，身边都有疯了的。

我不想活成那样，希望你也不要，所以，再忙也要明白自我管理的重要性，因为年纪越大，越没有什么人管你。食欲，是中年男人为数不多的不被限制的欲望。但这样的欲望，就写在双下巴那儿，写在肚腩那儿，写在大腿上，写在身上的脂肪里。

最重要的是，肥胖会带来疾病：高血压、心脏病、脂肪肝……有时候身材并不重要，肥胖背后的慢性病，体现出的生活习惯和饮食规律，才应该得到我们的重视。

而最科学的减肥方法只有一个：干预生活方式。

其实，女孩子也一样，无论哪个年纪，无论是否结了婚，无论有了几个孩子，都记得要去努力奋斗，去涂面膜、健身，去见不一样的世界,去找更好的自己。

  我在减了二十斤后,再一次去了医院体检。医生说现在的我很健康,脂肪肝也没了,还说:"你现在的身体,像一个二十多岁的小伙子的身体。"

  我心想,那可不,我一直是。

不珍惜当下，就不会有更好的未来

我很少写跟爱情有关的文字，不过，我想通过以下三个故事与你分享一下我对爱情的理解。也让我用这三个故事给你揭示恋爱的三个秘密吧。

1.

"我真贱，她昨天结婚了。"朋友说完这句话，就低下头，把滚烫的面汤喝完了，"服务员，再来两瓶啤酒。"

我在一旁，一句话也没说，拍了拍他的背，怕他呛到。

一年前，他不顾女朋友反对，决定独自去美国读MBA。朋友在体制内做主持人，这已经是他毕业后的第十个年头，工作不温不火，很稳定，他也曾经试过创业做点儿事，有些有眉目，大多数还是失败了。人到而立之年，事业是最容易遇到瓶颈的，很多人在事业遇到瓶颈时，都想做点儿不一样的事情去打破舒适区，于是他跟谈了三年的女朋友说："我想去国外读MBA。"

女朋友说:"可我已经三十岁了,想结婚了。"

朋友像没听懂一样,说:"我也三十多了,不能等了。"

第二天,女朋友提议,在他去读MBA之前,两人一起去三亚度个假。两个人飞到三亚,晚上,她叫了一群朋友喝了点儿酒,忽然,她让音乐停下来,走到朋友身边,单膝跪地,掏出一枚戒指,说:"你娶我好吗?"

是的,女生跟男生求婚了。

男生有些惊讶,摸着头,说:"闹着玩儿的吧,你快起来,别跪在地上,地上凉。"

女生不起来,直勾勾地看着他。

男生越来越不好意思,一把抓住她的手,硬是把她拉了起来。他示意乐手继续弹唱,想让音乐掩盖自己的尴尬。但女生的尴尬就写在她的脸上,气氛尴尬到极点。是的,男生拒绝了女生的求婚。

后来我问他:"你当时怎么想的?"

他说:"我就是贱,觉得出了国可能会遇到更好的,深造之后,一切可能都不一样了。"

那一晚之后,女生不再说爱,送他出国前,女生对他说保重,他说自己会加油的。临走前,女生很认真地对他说,如果她在这一年遇到好的人,她会结婚的。朋友笑了笑,仿佛在说她再也找不到自己这么好的了。他亲吻了她的额头,说再见了。

那之后没多久,她又找了一个男生,又没过多久,她跟那个男生结婚了。

那次亲吻，也成了诀别。

那个男生，我这个朋友也认识，据说认识很久了。在婚礼现场，他们俩的所有共同好友都发了朋友圈，只有女生没有发，所有人都被邀请了，只有我朋友不知道。那时，他还在美国漂泊，失去她的瞬间，他才忽然明白，自己竟然是爱她的，只是失去了才知道珍惜，原来，得不到的才是最好的。我说："你都快四十的人了，怎么还这样？"他说："唉，人就是贱。"

他想要订票回北京，却得知疫情期间的规定是回国需要隔离十四天，他不顾别人的反对，坚定地回国，提前结束学业，高价买了张机票从纽约飞回北京。那时的他，发现所有人都戴上了口罩，飞机上的每一声咳嗽都令他感到恐惧，更让他烦躁的，是那隔离的十四天。本来他想，这隔离的十四天自己能偷偷跑出去，走到女生的面前问她一系列想问的问题。可是，这十四天的隔离是无法逃避的，他必须待在房间里。他打电话找了所有能找的人，得到的答复只有一个："这是国家规定的，雷打不动。"他说，好在他在免税店里买了一瓶酒，要不然他根本不知道这十四天该怎么过。

可是，在那十四天里，他还是崩溃了。

他一遍一遍给那个女生打电话，对方没有回复，他一遍又一遍给她留言，每一条都是用标准的播音嗓发出假装理性的声音。十四天后，他重回他们之前的住处，才发现女生早就搬家了，家里除了必需品什么都没有，对方像是从未和他住在一起一样，像是从未出现在他的生活里一样。可是,如果一切都没发生过,这心痛无比的感觉是怎么来的?

也就是从那之后,他变了,一个1983年生的大男孩,开始没日没夜地酗酒,他不停地让身边的朋友给他介绍女朋友,谈不几天就又分手了,一边喝着酒一边挑着刺,说什么人是很好,但就是不如她。可是,那个女生再也没有跟他说过一句话,也没有删除他,就是什么也没说,消失在了人海中。

我问过他,如果他只能问那个女生一个问题,这问题会是什么?

他说:"我只想问一个问题:她为什么不发朋友圈?"

多么悲痛的故事,可这就是恋爱的第一个秘密:不珍惜当下,就不会有更好的未来。

2.

有人说,人在三十岁后,恋爱成本就开始增加了,因为人们并没有太多的选择了。好的女生不剩多少,好的男生也早就组建了家庭,于是人们的选择开始谨慎,开始理性。可我们都知道,爱情讲不得理性,一算计,就容易不单纯,可是,人近中年的我们又能怎么办呢?

其实并不是这样,只不过是因为人们总以为恋爱是为了结婚,还说不以结婚为目的的恋爱都是耍流氓。如果这样想,恋爱自然会变得功利，如果一个人谈恋爱就是为了结婚，那就只会遇到三种人：玩累了的浪子，不想玩了只想安定下来；乳臭未干的小子，看谁都想结婚；还有说话不用负责的骗子。

恋爱就是恋爱，不为了什么，不管时间，无论空间，爱到深处自然会提到结婚。谈恋爱要看当下，不谈过去，也不谈未来。

我另一个朋友是个很优秀的女孩子，工作很好，长得也很漂亮，大学谈了场恋爱，一谈就谈了八年，分手时，她已经二十九岁了。

她无法容忍自己在三十岁前不结婚，于是焦虑地开始频繁相亲，希望在更短的时间里，找到和前男友恋爱八年的感觉，可是，理性分析一下就知道，那不可能。

她越着急，计划就越容易出错，她开玩笑说，今年给自己定的KPI是一年谈五个男朋友，这样她就有可能在三十岁时把自己嫁出去。后来她发现，所有的爱情都不能用数字衡量，唯一能用数字衡量的只有钱。所以，她把自己逼上了绝路，开始用各种条件去判断自己是否应该爱上对方，比如对方有几套房、几辆车。她甚至不确定，自己爱的是对方的人还是对方的钱。可是，她也不缺钱啊，她到底怎么了？

她向我倾诉这一苦恼的时候，我是这么跟她说的：

第一，谁告诉你三十岁的时候就必须结婚？第二，谁告诉你爱情可以用数字衡量？如果爱情一定要被衡量，那么只能以时间作为标准。

我对她说："你别着急，遇到好的，你就去谈恋爱，觉得感情到了，再结婚。实在没法结婚也没关系，就享受恋爱，享受当下，过好自己的生活，这也未尝不是一种美好。另外，如果你到了四十岁还没结婚，也没关系，因为你享受了当下。没有该结婚的年纪，只有该结婚的感情。我遇到过好多四十多岁的姐姐，没有结婚，依旧过着自己想过的生活。《死亡诗社》里有一句台词在我的脑海中回荡：carpe diem。这句话的意思是，活在当下。这句话就是恋爱的第二个秘密：不要想结果，享受当下。无论在什么时候，重新开始都不晚。"

我在写这篇文章的前几天，接到了她的一条信息，才知道她跟某个男生竟然已经恋爱了一年了。她说，男生刚刚跟她求婚了，她在考虑答不答应。

我笑了笑回复："那是你的事情，不过，恭喜。"

3.

我想起了另一个故事。一个穷小子在二十四岁那年，认识了一个二十二岁的如花似玉的女孩子。女孩子刚刚毕业，不顾父母反对，一头扎进了男孩子的怀抱。两个人恋爱一年，女孩子问他想不想结婚，男孩子摸摸头，说："我又没房子没车，怎么给你幸福？"

女孩子说："我爱的是你，这些都不重要。"男孩子很感动，更加努力了。

但故事并没有像童话故事一样发展，在那之后，女孩子的父母横加阻拦，而男孩子的事业竟然无比顺利，一飞冲天，一个人把一家公司做上市了。很快，不到三十岁的他财务自由了。但跟女孩子求婚的事情，就这么耽搁到了现在。这时，男孩子三十岁，女孩子二十八岁，摆在男孩子面前有两个选择：第一个，和女孩子结婚；第二个，他还可以选择别人。

因为那个时候，一个三十岁的"钻石王老五"已经成了无数女孩子、丈母娘青睐的对象了，而女孩子的父母的态度也在男生成功后有了一百八十度的转变。所以，如果你是他，你会怎么选？

他没有纠结太久，在三十岁前的一周，跟女孩子求婚了。女孩子哭得一塌糊涂，男生还没来得及拿出戒指，女孩子就喊了出来："我愿意。"但女孩子不知道的是，就在头一天，他和一群哥们儿聚会，一群哥们儿都劝他别那么快结婚，还提醒他说："你忘了她父母当初怎么对你的吗？你现在不一样了，你会遇到更多不一样的姑娘，干吗这么快走进'坟墓'？"

我只记得，他喝了几杯酒，对着一群朋友大喊："我就是要娶她，除了她我还能跟谁结婚？我什么都没有的时候，只有她陪在我身边。"

他们结婚时，我在婚礼现场，男生创业时，我从来没有见过他哭，但在讲到他一无所有、只有女生陪在身边的日子时，两个人都哭成了泪人。最后我只记得他说，娶你是注定，爱上你是缘定，这辈子不离不弃是确定。

直到今天，他们已经有了两个宝宝了，我常在朋友圈里看到他们一家四口出去旅游的照片，那种幸福，洋溢在他们的脸上，无比美好。

这就是恋爱的第三个秘密：最好的伴侣，永远是被时间检验过的那个，而不是下一个。

祝你们都能幸福。

如何成为一个学习高手？

越长大,越要明白自学是多么重要,越要明白跨界学习是多么必要。这个清单,告诉你如何成为一个学习高手。

牢记：注意力是一切

01

你有没有遇到过这样的学霸，每天就学几个小时，但成绩永远是班上前几名。人家并不是聪明，而是掌握了学习的精髓：注意力。好消息是，注意力是可以提高的，心流也可以随着自己的修炼变得越来越长。在开始学习的时候，不妨把手机放远一些，不要让手机打扰到你，同理，也别让室友打扰到你，别让男朋友或女朋友打扰到你。心流被打断，再次回到学习的状态就很难了，但一旦进入状态，时间会过得飞快。关于学习，专心致志的一个小时，顶得上你神游的一天。

学会运动

02

事实证明，运动对学习有帮助。比如，一个结合运动去学习的同学跟一个光学习不运动的同学比起来效率更高，记忆力更好。《运动改造大脑》一书中写过："强健肌肉和增强心肺功能只是运动最基本的作用……运动最关键的作用是强健或改善大脑。"

　　这里特别推荐跑步和快走，效果更佳。因为人的脚掌和地面有更多的接触时，脑部的血液会循环得更快。甚至有时候一边走路一边看书的效果，比你干坐在书桌旁看书的效果还要好。所以，从今年开始，把跑步和快走加入学习清单中吧。

以结果为导向学习

03

所谓以结果为导向，就是以结果为驱动力去学习。这句话很难懂，简单来说，就是如果没有达成预期的结果，你所做的就都是无效努力，不值一提。所有不以结果为目的的努力，都会变成为了努力而努力，都只是看起来很努力。比如你今年要过四六级，目标就是通过考试，那么通过考试需要背多少单词呢？四级需要四千的词汇量，六级需要六千的词汇量，于是你需要做的，就是计算每天要背多少个单词。把每天的目标完成，然后巩固复习，这样以结果为导向的努力，才是有效的努力。

制造良好的反馈

04

为什么你觉得学习无聊，游戏却很好玩？因为游戏的设计中有一个特别符合人性的机制：即时反馈。你点了什么，就会立刻有反应，比如你打了对方一下，对方掉血了；你吃了个鸡腿，瞬间回血了。但是学习不一样，你学完之后需要很长时间才能得到反馈，比如考试通过，比如能力显著提高。那样过程就会很无聊，所以适当地给自己增加一些反馈，很有必要。比如，当你觉得你学了一些东西之后，一定要想办法讲出来，或者应用起来，这是自己给自己制造的反馈。如果不讲出来，或者没人听你讲，自己写下来也是一种特别好的方式。再比如，当你完成今天的学习任务时，就奖励自己吃一顿大餐，这样的即时反馈能让你重新爱上学习，并能高效地学下去。

回顾学习法

05

无论学了多少，学习一段时间后都需要回顾。如果不停下来回顾一下，只是马不停蹄地向前赶进度，那么走得越远就会忘记得越多。比如读书，每当读了1~2页教材，就在适当的地方停止一次，大概花几分钟的时间回顾一下自己现在正在学的内容；又比如背了十个左右的单词，也停下来，想想第一个单词是什么。回顾的时间可以根据教材的分量和学习的难易度进行增减。这个方法十分适合在背一些枯燥的内容时使用。

学会利用音乐

06

很多人反对边听音乐边学习，说这样不能集中注意力，其实并非如此。我学习的时候，一般都会听一会儿音乐，这丝毫不影响效率。我问了身边好几个学习高手，他们都习惯一边听音乐一边看书。他们中的很多人都说，播放音乐时，自己只能在刚开始学习的前几分钟内听见音乐，一旦全身心投入学习以后，音乐声就消失了。

但请注意，听什么，其实有讲究。当你需要励志奋发的时候，比如考试和大赛之前，以及你必须做某些辛苦的工作的时候，要选择那些能使人情绪高涨、令人兴奋的热血音乐，比如五月天的歌；当你需要安静地工作的时候，比如在进行例行工作、回复邮件等基础工作时，要听一些能让人心情平和的歌曲，或是一些曲调明快的叙事曲，而不要选节奏过快的，舒伯特的音乐就很好；当你想要放松的时候，比如学习累了，想让大脑休息的时候，可以选择一些让身心放松的歌曲，比如周杰伦的歌。

寻找热爱

07

很多人认为学习是痛苦的,要死乞白赖地坚持,其实学习并不是这样的。如果一个人找不到学习中的热爱,注定不能学好。就比如你特别恨篮球,那怎么可能打得好?那些学习高手,一定是在学习中找到了成就感,找到了乐趣,才走到了今天。因为你如果痛恨这件事,你是不可能在这件事上有所提高的。

所以聪明的学生会先培养跟这门学科的关系,提高兴趣,然后再开始猛攻。比如,在学英语的时候,我经常建议我的学生先去看几部美剧,培养对英语的兴趣。别上来就做枯燥的考试真题,这样容易让自己的英语学习变得枯燥而乏味,对一门学科的学习兴趣就这么废掉了。又比如,一开始弹尤克里里的时候,我先让自己学最简单的《小星星》,然后我立刻显摆似的给朋友弹了一首。先爱上那种感觉,接下来再学,效率就会高很多。

找到志同道合的人

08

最后这一条很重要，一个人能跑得很快，但一群人能跑得更远。所以，找到志同道合的人，让他们陪着你一起前行，效果会更好。

我经常建议考研的同学找一个研友。就比如我们做尚龙读书会，明明可以录完课就结束，但我们非要建一个群。原因很简单，让大家彼此熟悉，一起学习，共同成长。让大家知道，其实在成长的路上，你并不孤单。

一个人学习的效率的确很高，但一群人学习，能走得更远。

© 中南博集天卷文化传媒有限公司。本书版权受法律保护。未经权利人许可，任何人不得以任何方式使用本书包括正文、插图、封面、版式等任何部分内容，违者将受到法律制裁。

图书在版编目（CIP）数据

情绪可以低落，理想必须高涨 / 李尚龙著 . -- 长沙：湖南文艺出版社，2021.8
ISBN 978-7-5726-0268-9

Ⅰ.①情… Ⅱ.①李… Ⅲ.①成功心理 — 通俗读物 Ⅳ.①B848.4-49

中国版本图书馆 CIP 数据核字（2021）第 135841 号

上架建议：畅销·励志

QINGXU KEYI DILUO, LIXIANG BIXU GAOZHANG
情绪可以低落，理想必须高涨

作　　者：	李尚龙
出 版 人：	曾赛丰
责任编辑：	刘雪琳
监　　制：	邢越超
策划编辑：	李彩萍
特约编辑：	万江寒
营销支持：	霍　静　文刀刀　周　茜
封面设计：	主语设计
版式设计：	李　洁
封面图片：	站酷海洛
出　　版：	湖南文艺出版社
	（长沙市雨花区东二环一段 508 号　邮编：410014）
网　　址：	www.hnwy.net
印　　刷：	三河市中晟雅豪印务有限公司
经　　销：	新华书店
开　　本：	880mm×1270mm　1/32
字　　数：	202 千字
印　　张：	9
版　　次：	2021 年 8 月第 1 版
印　　次：	2021 年 8 月第 1 次印刷
书　　号：	ISBN 978-7-5726-0268-9
定　　价：	49.80 元

若有质量问题，请致电质量监督电话：010-59096394
团购电话：010-59320018